Ferdinand Nolde

Herzog Wilhelm von Kurland

Ferdinand Nolde

Herzog Wilhelm von Kurland

ISBN/EAN: 9783743387201

Hergestellt in Europa, USA, Kanada, Australien, Japan

Cover: Foto ©ninafisch / pixelio.de

Manufactured and distributed by brebook publishing software (www.brebook.com)

Ferdinand Nolde

Herzog Wilhelm von Kurland

Als Manuscript gedruckt für meine Freunde.

Berlin.

Druck von J. Dräger's Buchdruckerei (C. Feicht) in Berlin.

1873.

Seinem lieben Vetter

dem

Herrn

Grafen Herrmann von Keyserling

freundlichst gewidmet

vom

Verfasser.

Personen.

Herzog Friedrich von Kurland.
Herzogin Elisabeth Magdalene, Herzog Friedrich's Gemahlin.
Herzog Wilhelm von Kurland.
Magnus von Nolde, Herr auf Kalleten.
Gotthard von Nolde, Herr auf Gramsden.
Michael von Manteuffel, herzoglicher Rath und Kanzler.
Heinrich von Doenhof, Kammerjunker.
Sophie von Manteuffel, Hoffräulein der Herzogin Elisabeth.
Elise, deren Schwester.
Engelbrecht von Mengden, vertrauter Freund der Nolden.
Balthasar, ein alter Hausmeister Magnus Nolden's.
Tequin, Rath Herzog Wilhelm's.
George von Tinstow, Rath des Herzog's Wilhelm.
Ritter von Heyking.
Samuel von Woelpen alias Wulpius, herzoglicher Rath.
Castilio,
Martin Wagner, } Hofdiener des Herzog's Wilhelm.
Othmer von Gahlen,
Chrystopher von Fircks.
Otto von Grothuß.
Chrystopher von Piepenstock.
Wilhelm von Rummell.
Moritz von Rolshausen.
Verschiedene Landtags=Deputirte.
Ein Landboten=Marschall.
Ein Herold.
Verschiedene Herren vom Adel.
Junge Herren und Damen, Hofbedienten, Musiker, Boten, Soldaten, bewaffnete Leute in Magnus Nolden's Dienste, Bürger der Stadt Mitau, Volk, Magnus Nolden's Diener — Reitknechte, Leichendiener und Kutscher. —

Ort der Handlung theils in Kalleten, theils in Mitau, Zeit der Handlung im 16 Jahrhundert.

Erster Aufzug.

Erste Scene.

Ein alterthümlich möblirter Saal im Schlosse Kalleten in Kurland, dem Stammsitze des Magnus von Nolde. — An den Wänden hängen viele Ahnenbilder, in der einen Ecke des Saals steht ein alter Eichenschrank, verschiedene Andenken aus dem Nachlasse des Vaters Gerhard von Nolde enthaltend.

Erster Auftritt.

Magnus Nolde allein an einem Tische sitzend und Briefe bald ansehend, bald bei Seite legend, führt ein Selbstgespräch.

Magnus Nolde (laut für sich)

Ganz unbegreiflich ist's, daß zu erscheinen
Der Bruder Gotthard gar so lange zögert,
Wo Stunden, selbst Minuten wichtig sind;
Mein Schreiben hat er sicherlich erhalten,
Bevor die Sonne ihre Morgenstrahlen
Der lieben Mutter Erde zugesandt. —
(Er steht auf, geht ungeduldig auf und ab, und schaut öfter zum Fenster
hinaus.)   (fortfahrend)
Ich will es wünschen, zuversichtlich hoffen,
Daß Ungemach, gar Unheil nicht betroffen
Den Boten, den ich nächtlich abgesandt;

Bedächtig zwar, doch thut es Noth, entschlossen
Hab' ich den Bruder Gotthard stets befunden,
Und mir zur Seite stand er immer gern.

(Setzt sich nieder und schaut einen Brief an.)

Gar finst're Wolken scheinen sich zu sammeln,
Um's Ländchen ganz in dunkle Nacht zu hüllen,
Das uns erzeugt, wir nennen Vaterland.
Die Botschaft, die aus Mitau ich erhalten,
Mir Herzog Wilhem's böse Pläne meldet,
Fuhr mir durch's Herz gleich einem Degenstich! —
Ganz unberechenbar sind die Gefahren,
Die unf're Adelsrechte arg bedrohen,
Seit Herzog Wilhelm's Wort als erstes gilt. —
Gerathen wär's, die Zügel ihm zu nehmen
Und sie in Herzog Friedrich's Hand zu legen,
Doch dürft's zur Zeit fast gar zu spät schon sein. —
Was Herzog Gotthard wohlbedacht geschaffen,
Wird als Ruine rasch zusammenstürzen,
Liegt's ganz in Wilhelm's ungerechter Hand;
Von Recht und gar von bindenden Gesetzen
Mag dieser Starrkopf ja durchaus nichts wissen,
Will spannen ganz in's Joch die Ritterschaft;
Doch halt! — das darf und soll ihm nicht gelingen,
So lang' noch meine Lebenspulse schlagen,
Und, wie ich hoff', uns Gott zur Seite steht. —
Ich weiß es wohl, daß Mancher hier im Lande
Geneigt ist, sich dem Sclavenjoch' zu fügen,
Nicht wagt, auf's Spiel zu setzen Hab und Gut,
Weil Wilhelm es bereits versucht, zu drohen
Mit Lehnsentziehung und noch andern Strafen
Jedwedem, der von Adelsrechten spricht. —
Ein Jeder mag nach seiner Ansicht handeln,
Und, was er thut, dereinst vor Gott vertreten,

Doch ich bleib' fest, streng folgend meiner Pflicht! —
Die alten Adelsrechte uns zu nehmen,
Wünscht Wilhelm sehr, doch dürfen wir's nicht dulden,
Ich wenigstens bin nicht dazu geneigt. —

Zweiter Auftritt.

Der Vorige, sein alter Hausmeister tritt ein.

Hausmeister.

Verzeiht, gestrenger Herr, daß ich Euch störe,
Doch thu' ich's nur, weil Ihr mir's so befohlen,
Wollt melden, daß Herr Gotthard Nolde kommt.

Magnus Nolde (lebhaft).

Sprich, ist der Bruder schon vom Roß' gestiegen?
Hat er des Schlosses Hallen schon betreten?

Hausmeister.

Noch nicht, mein edler Herr, doch sah von Weitem
Ihn schon der aufmerksame Thorwart reiten,
Dürft' sicherlich gar bald zur Stelle sein.

Magnus Nolde.

Hab' Dank, Du treue Seele, für solch' Kunde,
Die ich mit größter Ungeduld erwartet,
Doch sorge rasch auch jetzt für Speis' und Trank,
Denn hungrig sind und durstig stets die Gäste,
Die längst vor Tag's von Hause ausgeritten;
Auch ich hab's Morgenfrühstück heut' versäumt. —
Zur weiten Reise müssen wir uns stärken,
Die heute unverzüglich anzutreten,
Es Noth thut, leider unvermeidlich ist. —

Hausmeister.
Es soll gescheh'n, wie Ihr's mir anbefohlen,
Nur bitte ich, bevor ich geh', zu sagen,
In welchem Zimmer ich serviren soll,
Und ob wohl die von Euch erwähnte Reise
Gar dürfte läng're Zeit in Anspruch nehmen,
Um darnach einzurichten das Gepäck. —

Magnus Nolde (nachdenkend).
Leicht könnten Wochen, Monden, Jahre schwinden,
Bevor ich meinen Stammsitz, mein Kalleten
Dürft' wiederseh'n, soll's überhaupt gescheh'n! —

Hausmeister (erschreckt).
Wie soll ich das versteh'n, mir wird gar bange
Bei Worten, die soeben ich vernommen,
Und die mir tönen dumpf, wie Grabgesang! —

Magnus Nolde.
Ja, alter Freund, es nahen ernste Zeiten,
Und jeder Gutsherr hier in unserm Lande
Muß auf das Schlimmste vorbereitet sein.

Hausmeister (die Achseln zuckend).
Ja, ja, den Titel Freiherr dürft' Ihr führen,
Doch seid ein freier Herr Ihr nicht zu nennen,
Weit weniger, als ich der schlichte Knecht. —
Für keinen Preis möcht ich die Rollen tauschen
Mit meinem Herrn, den ewig Sorgen drücken,
Den selten nur ein Freudentag erquickt.

Magnus Nolde.
Hast Recht, mein alter Balthasar, Du treue Seele,
Manch' Knecht ist freier, als ein Herr von Adel,
Der niemals Herr ist seiner freien Zeit.

Hausmeister (aufmerksam lauschend).

Täuscht mein Gehör mich nicht, so hört' ich Tritte,
Von Rosseshuf, will rasch die Thüre öffnen.

Magnus Nolde (lebhaft).

Beeile Dich —

Hausmeister (im Hinausgehen).

Ja, warten darf kein Gast.
(Geht ab.)

Magnus Nolde (laut für sich).

Wohl zu den größten Schätzen ist zu zählen,
Die mir der Vater scheidend hinterlassen,
Mein Balthasar, rein, wie das reinste Gold;
Ja, wahrlich, hätt' er nicht den großen Fehler,
Daß hinter ihm schon achtzig Jahre liegen,
Könnt' man ihn nennen völlig fehlerfrei. —

Dritter Auftritt.

Magnus Nolde. — Gotthard Nolde tritt ein.

Magnus Nolde.
(Geht auf den Bruder rasch zu und reicht ihm die Hand.)

Sei mir gegrüßt, Du treu'ster meiner Brüder,
Von ganzem Herzen heiß' ich Dich willkommen,
Besonders jetzt in so bedrängter Zeit.

Gotthard Nolde.

Hab' Dank mein Bruder für solch' liebe Worte,
Doch sprich, was giebt's, welch' Unglück ist geschehen?
Das Dich so ganz aus aller Fassung bringt.

Magnus Nolde.

Viel Schlimmes ward von Mitau uns gemeldet;
Mit jedem Tage schmälert uns're Rechte
Der Herzog Wilhelm immer mehr und mehr;
Seitdem der Herzog Gotthard ist geschieden
Aus dieser Welt und 's Zeitliche gesegnet,
Sind Rechte und Gesetze leerer Schall. —
Der Herzog Friedrich kann ja nie und nimmer
Ersatz uns bieten für den Landesvater,
Den uns der Tod geraubt mit rauher Hand;
Es sitzen zwei der Fürsten zwar zu Throne,
Doch's Scepter scheint der eine nur zu führen,
Hat beide Kronen sich auf's Haupt gesetzt. —
Der Herzog Wilhelm scheint es zu verstehen,
Des ältern Bruder's Schwächen auszunutzen,
Und das ist's, was mich außer Fassung bringt.

Gotthard Nolde (besänftigend).

Sollt' Herzog Friedrich gar zu schwach sich zeigen,
Hat ja das Land ein Wörtchen mitzusprechen,
Denn's Stimmrecht hat Gottlob die Ritterschaft. —

Magnus Nolde (lebhaft).

Ja Stimmen giebt's, doch werden viele schweigen,
Aus Furcht, ererbte Lehne zu verlieren,
Denn Wilhelm hat manch' drohend Wort gesagt.

Gotthard Nolde.

Er wird's nicht wagen, Güter uns zu nehmen,
Von Gott und Herzog Gotthard uns bestätigt,
Unmöglich ist's, ich glaube nicht daran. —

Magnus Nolde.

Du denkst an Recht und bindende Gesetze,
Doch übersiehst, daß Wilhelm kein's von beiden
Auch nur dem Namen nach zu kennen scheint;
Mit Recht gebührt auch Kurland's Herzogskrone
Nur einzig Gotthard's erstgebor'nem Sohne,
Doch nimmt sich Wilhelm dennoch seinen Theil,
Hat sich bereits, will man die Wahrheit sagen,
Gar schlau des Scepter's größten Theil erschlichen
Und beide Kronen auf sein Haupt gesetzt.

Gotthard Nolde.

Du siehst zu schwarz mein Bruder in dem Eifer,
Die Phantasie malt in zu dunk'len Farben,
Führt Schattenbilder Deinen Augen vor.
Auf Gottes Schutz und Gnade laß uns bauen
Die Hoffnung und ihm schenken das Vertrauen,
Wie's Christen ziemt, der Heiland es gelehrt! —

Magnus Nolde (heftig).

Auch ich bin guter Christ und will es bleiben,
Doch meine Hände in den Schooß zu legen,
Das paßt mir nicht, halt's nicht für Christenpflicht,
Denn Gott gab Sinn und auch Verstand den Menschen,
Um Schöpfungswerke weiter fortzubauen,
Doch nicht, um aufzusperren nur das Maul,
Damit gebraten in den Rachen fliegen
Die Tauben ihm, bevor er sie erlegt. —

Gotthard Nolde.

Laß Bruder Dich von Hitze nicht verleiten
Zu Schritten, die Dich leicht auf Bahnen bringen,
Wo weder Halt, noch Umkehr möglich ist. —

Magnus Nolde.

Du weißt, ich gebe viel auf Deine Worte,
Will Deiner Vorsicht Achtung nicht versagen,
Doch gehst bisweilen darin viel zu weit;
Der Willkühr muß und soll man Schranken setzen! —
Ich achte Herrscher hoch von Gottes Gnaden,
Doch biete stolz Tyrannen meine Stirn;
Bricht Herzog Wilhelm seine heil'gen Schwüre,
So löst er auch der Unterthanen Eide,
Entbindet selber sie beschwor'ner Pflicht. —

Gotthard Nolde.

Mag sein, doch möcht' ich gern vor allen Dingen
Erfahren, was zunächst sind Deine Pläne
Und wodurch ich dem Bruder nützen kann? —

Magnus Nolde.

Wir müssen ungesäumt nach Mitau eilen,
Um da aus nächster Nähe anzuschauen,
Wie unsre Angelegenheiten steh'n.
Ganz unvermeidlich scheint mir's, sonder Zweifel,
Drum ließ ich's Nöth'ge zeitig vorbereiten,
Befahl zur Leibesstärkung Speis' und Trank. —
Daß Du mich würdest auf der Fahrt begleiten,
Setzt' ich voraus, bevor Du's mir versprochen,
Denn gerne that'st Du stets, was ich gewünscht.

Gotthard Nolde.

Ganz richtig hast gebaut Du Deine Schlüsse,
Denn Dich allein darf ich nicht ziehen lassen
Nach Mitau, wo Dich Mancherlei bedroht;
Wer außer mir vermöchte wohl zu dämpfen
Dein Blut, wenn's rasch will durch die Adern rinnen,
Wenn jede Vorsicht Du bei Seite schiebst. —

Magnus Nolde.
Die Gründe sind mir gleich, wenn Du nur reisest,
Doch jetzt laß uns an Leibesstärkung denken,
Wir wollen seh'n, was Balthasar uns reicht.
(Er schellt.)

Vierter Auftritt.
Die Vorigen, der Hausmeister kommt mit Speise und Wein.

Magnus Nolde.
Was wird uns heute Küch' und Keller bieten?

Hausmeister.
Ein einfach Mahl, doch kräftig zubereitet,
Muß g'nügen und als Trank, Tokaier=Wein.
(Er setzt einen Tisch zurecht, setzt Speise, Wein und zwei Humpen darauf.)

Magnus Nolde.
Schon recht so, altes Haus, wir sind's zufrieden;
Ich war nie Freund lucullischer Genüsse,
Desgleichen Gotthard nichts auf Luxus giebt.

Gotthard Nolde.
Zur Römerzeit fand man an Hahnenkämmen
Geschmack und gar an Nachtigallen=Zungen,
Doch ist Gottlob solch' Unfug abgeschafft.
Uns kräftigt mehr ein guter Elendsbraten,
Ein wilder Schweinskopf, der in saurem Kraute
Ward abgedämpft, ein Gläschen Ungarwein! —

Hausmeister.
So meine Herrn, es ist das Mahl bereitet;
Ich wünsch', es möge Eure Glieder stärken
Zum weiten Ritt' und sage, wohlbekomm's. —

Magnus Nolbe

Hab' Dank Du altes Erbstück meines Vater's
Für Deine Wünsche, die vom Herzen kommen,
Doch stärken soll auch Dich ein Gläschen Wein;
Nimm da den Becher aus dem Eichenschranke,
Aus dem ja Vater Gerhard oft getrunken
Und deshalb hoch bei mir in Ehren steht. —

Gotthard Nolbe.

Ja Balthasar soll aus dem Becher trinken,
Den Bruder Magnus sonst nur pflegt zu füllen
Für Jemanden, den er nennt blutsverwandt.

Magnus Nolbe.

Fast stammverwandt ist Balthasar geworden
Durch treue Dienste, die er unserm Hause
Seit einem halben Säculum geweiht.
(Der Hausmeister hält den Becher und Magnus Nolbe füllt ihn.)

Hausmeister (den Becher hoch hebend).

Auf's Wohlsein meiner edlen Herrn zu leeren
Hier diesen Becher, den ich durfte reichen
Oft meinem sel'gen Herrn gefüllt mit Wein,
Gilt wahrlich mir als allerhöchste Ehre,
Verjüngt mich gar in meinen alten Tagen,
Ist meiner Dienste allerschönster Lohn!
(Er leert den Becher.)

Magnus Nolbe (einen Siegelring zeigend).

Hier dieser Ring und jener schlichte Becher
Sind Schätze mir von allergrößtem Werthe,
Als letzte, die des Vater's Hand ger icht. —

Hausmeister (gerührt.)

Im Grabgewölbe unter Gramsden's Kirche,
Die fromm als Christ der alte Herr fundirt,
Mag stets in Frieden seine Hülle ruh'n,
Doch seine edle Seele freudig ernbten
Die Früchte fromm hier ausgestreuter Saaten,
Der wahren Seligkeit theilhaftig sein!
(Geht ab.)

Fünfter Auftritt.
Magnus und Gotthard Nolde.

Magnus Nolde.

Auf's Wohl des treuen achtzigjähr'gen Greises;
Gott möge ihn uns lange Zeit noch gönnen,
Gesund und rüstig, wie er's heute ist. —
(Sie fassen an und leeren die Humpen.)

Gotthard Nolde.

Wie soll die Reise unternommen werden,
Und welche Dienerschaft wird uns begleiten?

Magnus Nolde.

Für Dich hab' ich den Berberhengst bestimmt,
Da ich Dein Roß für gar zu jung erachte
Zum weiten Ritt' auf gar so schlechten Wegen;
Mich trägt mein Rappe hoffentlich an's Ziel.
Ein Reitknecht muß uns dieses Mal genügen,
Um Saumrosse an seiner Hand zu führen,
Die tragen soll'n das nöthige Gepäck.
(Er tritt an's Fenster.)

Doch siehe da, was darf mein Aug' gewahren,
Ein Reiter ist's, der rasch mit Windeseile
Dem Sturmwind gleich, querfeld kommt angebraust. —

   Gotthard Nolde (auch an's Fenster tretend).

Ja, den scheint wahrlich Ungeduld zu plagen
Und, irr' ich nicht, glaub' ich fast zu erkennen
Den Reitknecht, der in Mengden's Diensten steht.

   Magnus Nolde (aufgeregt).

Ja, ja, hast recht mein Bruder, glaub' es selber,
Doch was für Botschaft dürfte der uns bringen? —

   Gotthard Nolde.

Nichts Gutes, denn nur schlimme Kunde eilt. —

   Magnus Nolde.

Thät' es nicht Noth, würd' Mengden nimmer senden
Durch Nacht und Nebel eiligst seine Boten,
Strengt ohne Grund nie Roß' und Reiter an. —

   Gotthard Nolde.

Vom Pferde ist der Reiter schon gestiegen
Und Balthasar wird sicherlich nicht säumen,
Uns mitzutheilen, was der Bote bringt.

Sechster Auftritt.

Die Vorigen, Balthasar tritt ein, später der Bote.

   Hausmeister.

Ein Bote, den Herr Engelbrecht von Mengden
Mit einem Schreiben eiligst zu Euch sendet,
Wünscht Einlaß, harret draußen an der Thür. —

Magnus Nolde.

Geleite rasch zu uns den Hiobsboten,
Der sicherlich nichts Gutes hat zu melden,
Da wie gesagt, nur schlimme Kunde eilt. —
    (Der Hausmeister öffnet die Thüre und der Bote tritt ein.)

Bote.

Gott grüß' Euch edle Herrn, hier dieses Schreiben
Von meinem Herrn sollt' ich Euch überbringen,
Bin einem Sturmwind gleich, hierher geeilt.
    (Er überreicht das Schreiben.)

Magnus Nolde (das Schreiben rasch erbrechend).

Will seh'n, was gar so Wichtiges zu melden
Freund Mengden hat zur Zeit für gut befunden,
Was von Belang wohl dieser Brief enthält. —
Geh' Balthasar, trag' Sorg' für Roß und Reiter,
Die sicherlich der Stärkung sind bedürftig
Nach solchem weiten angestrengten Ritt'. —
    (Er liest.)

Hausmeister.

Seid ruhig, Herr, werd's Nöthige besorgen;
Dem müden Rosse soll nicht Hafer fehlen,
Den Boten selbst, den stärke Speis' und Trank. —
    (Der Hausmeister und Bote gehen ab.)

Siebenter Auftritt.
Magnus und Gotthard Nolde.

Gotthard Nolde (ungeduldig).

Nun Bruder, was hat Mengden uns zu melden?
Dein Auge glüht, gerunzelt ist die Stirne,
Und jede Zeile da von Mengden's Hand

Scheint einzig schlimme Kunde zu enthalten;
Dein Antlitz legt sich immer mehr in Falten,
Ganz unheimlich und finster wird Dein Blick.

   Magnus Nolde (wie aus einem Traume erwachend).

Ja dunk'le Nacht legt sich vor meine Augen,
Schwarz ist die Zukunft, die ich vor mir sehe,
Ein jedes Wort hier ist ein Stich in's Herz;
Der Herzog Wilhelm hat, wie ich's gefürchtet,
In Händen beide Scepter, beide Kronen,
Spricht Hohn Gesetzen und jedwedem Recht,
Verlangt, daß Ritter gar das Haupt entblößen,
Und auch das Knie vor Seiner Hoheit beugen,
Wenn sie vor ihm und seinem Bruder steh'n;
Den Roßdienst will er doppelt gar verlangen,
Nahm schon Besitz von allen Landes-Cassen,
Schont nicht einmal der Wittwen Eigenthum. —

   Gotthard Nolde (einfallend).

Unglaublich klingt's, was Du mir da berichtest,
Vielleicht malt's Mengden in zu düst'ren Farben,
War gar zu sehr erregt, als er dies schrieb. —

   Magnus Nolde.

Noch mehr des Schlimmen giebt's, wie ich vermuthe,
Denn's schweben in Gefahr selbst uns're Lehne,
Von Herzog Gotthard uns so fest verbrieft;
Der Unhold scheint gar wenig zu beachten
Des sel'gen Herzog's Schwur und letzten Willen,
Stellt seinen Willen über das Gesetz! —

   Gotthard Nolde.

Ja freilich steht nichts Gutes zu erwarten,
Darf Wilhelm ganz nach seinem Willen schalten,

Läg' Macht und Gnade ganz in seiner Hand,
Doch solchen Stand der Dinge wird nie dulden
Der Herzog Friedrich, ehrt des Vater's Willen,
Wird stützen sich auf seine Ritterschaft. —

Magnus Rolde.

Ich wünsch' es sehr, doch wird's ihm schwer gelingen,
Was er für gut erachtet, durchzusetzen,
Wird selber Unterthan, statt Herrscher sein. —
Ich achte selbst als höchste aller Pflichten,
Die festbeschwor'ne Unterthanen-Treue,
Doch muß dem Herrscher auch stets heilig sein
Sein eig'nes Wort und das ihm mit vererbte
Des Vater's, denn er hat ja übernommen
Von dem die Pflicht zugleich mit seinem Thron! —

Gotthard Rolde.

Auf meine Treue darf ein Herrscher bauen,
Gern weih' ich ihm des Blutes letzten Tropfen,
Doch heilig muß auch sein ein Fürstenwort! —

Magnus Rolde.

Bricht Wilhelm seine und des Vater's Schwüre,
Dann sprengt er selbst, nicht wir die heil'gen Bande,
Die Ritterschaft und Herrscher fest vereint.

Gotthard Rolde.

Wir wollen, Bruder, stets das Beste hoffen,
Denn's ist Gottlob noch nicht zu weit gediehen,
Kann besser sich gestalten, als Du glaubst. —

Magnus Rolde.

Nie würd' ich ohne Grund mich widersetzen
Dem Landesfürsten, der von Gottes Gnaden,

Gesetze achtend auf dem Throne sitzt,
Doch schwöre ich bei meiner Ritterehre,
Daß ich es nie und nimmer dulden werde,
Daß Herzog Wilhelm spanne in ein Joch
Sowohl mich selbst, wie auch die Landesbrüder,
Behand'le Ackerstieren gleich die Ritter,
Die mit ihm doch fast gleicher Abkunft sind.

Gotthard Nolde.

Laß Dich zu ernsten Schritten nicht verleiten,
Bevor Du Dir aus allernächster Nähe
Den wahren Stand der Dinge angeschaut;
Ist das gescheh'n, siehst wirklich Grund vorhanden,
Die uns verbrieften Rechte zu vertreten,
Will ich Dir hülfreich gern zur Seite steh'n,
Will freudig Hab und Gut zum Opfer bringen
Dem Landeswohl und unsern Landesbrüdern,
Geb' Leib und Leben gern mit in den Kauf. —

Magnus Nolde.

Solch' Worte hör' ich gern aus Deinem Munde,
Mein theurer Bruder, wähn' mich selbst zu hören,
Denn Du sprichst aus, was ich im Herzensgrund'
Längst barg, doch nie entglitt noch meinen Lippen
Als Wort, um laut durch's Vaterland zu eilen,
Nein, nicht einmal im stummen Selbstgespräch.

Gotthard Nolde.

Kreist auch Dein Blut oft rascher, als das meine,
So sind wir dennoch eines Vaters Söhne
Und erbten ja von ihm auch gleichen Sinn. —

Magnus Nolde (den Bruder umarmend).

Ja Bruder, unser Blutlauf ist verschieden,
Nimmt seinen Kurs auch durch verschied'ne Glieder,

Doch gab uns beiden Gott ein einzig Herz;
Zugleich mit Dir, hoff' ich, dereinst zu sterben,
Da wir zusammen nur ein Herz besitzen,
Deß' Stillstand uns zugleich zu Grabe bringt! —

Gotthard Nolde.

So ist's, doch will ich gerne noch erhalten
Mein eig'nes Leben einzig Deinetwegen,
So wenig mich sonst plagt die Todesfurcht. —
Das Vaterland bedarf noch Deiner Stütze,
Bist unentbehrlich in so ernsten Zeiten,
Darfst unbedacht nicht trotzen der Gefahr. —

Magnus Nolde.

Ich werde nie des Bruder's theures Leben
Durch Uebereilung in Gefahren bringen;
Gott schütze mich vor solcher Sündenlast! —

Gotthard Nolde.

Ich denke nie an mich und 's eig'ne Leben,
Wenn ich's versuch', Dein hitzig' Blut zu dämpfen,
Das leicht zu rasch durch Deine Adern kreist. —

Magnus Nolde.

Am besten ist's, wenn Hand in Hand wir gehen,
Wir gegenseitig uns're Fehler rügen,
Stets achtend auf das nöth'ge Gleichgewicht.

Gotthard Nolde.

In Art und Weise sind wir zwar verschieden,
Doch haben stets dasselbe Ziel vor Augen;
Zwei Schläge sind's, doch thut sie nur ein Herz! —
Wenn unfren Schritt wir in ein Tempo bringen,
Wir uns auf halbem Wege stets vereinen,
Verfehlen wir so leicht nicht unser Ziel.

Magnus Nolde.

Ich bin's zufrieden, will mich gerne fügen
Zu Zeiten auch nur Deinem Wunsch und Willen,
Nur geh' nicht gar zu langsam Deines Weg's. —

Achter Auftritt.
Die Vorigen, Balthasar eintretend, bringt Reitermäntel, Hüte und Degen

Hausmeister.

Die Rosse steh'n gesattelt vor der Thüre
Und scharren ungeduldig schon den Boden,
Die Saumroß' tragen's nöthige Gepäck. —

Magnus Nolde.

Wohlan, reich uns die warmen Reitermäntel,
Als sichern Schutz bei Sturm und kaltem Regen,
So wie die Degen für Gefahr und Noth. —
(Sie schnallen ihre Degen an, hüllen sich in die Mäntel und setzen
  die Hüte auf.)
Auf Wiederseh'n! Du alte treue Seele,
Ich lege Haus und Hof in Deine Hände;

Hausmeister.

Seid ruhig, Herr, Ihr legt's in treue Hand! —
(Die Herren gehen eiligst ab, der Hausmeister Balthasar folgt nach.)

(Der Vorhang fällt und schließt den ersten Aufzug.)

Zweiter Aufzug.

Erste Scene.

Ein großer Saal im Schlosse zu Mitau. — Unter einem Baldachin stehen zwei Thronsessel nebeneinander. Eine Doppelkrone und zwei in's Kreuz gestellte Scepter zieren den Baldachin und deuten die Doppelregierung an. — **Herzog Friedrich** und **Herzog Wilhelm von Kurland** im fürstlichen Ornate und umgeben von verschiedenen Hofchargen sitzen nebeneinander auf den Thronsesseln. — Verschiedene Herren vom Adel sind bereits anwesend, später erscheinen noch andere, unter denen **Magnus von Nolde**, **Gotthard von Nolde**, wie auch **Engelbrecht von Kleugden**. — Der herzogliche Rath und Obersekretair, nachmaliger Kanzler **Michael von Manteuffel** steht zur Seite der Herzöge an einem Schreibtische, auf dem verschiedene Aktenstücke liegen. —

Erster Auftritt.

Die beiden Herzöge und die obenbenannten Personen.

Herzog Friedrich (sich an die vom Adel wendend).

Wir Herzöge von Kurland und Semgallen
Geruhten Euch hier vor uns zu entbieten,
Geehrte Herren der edlen Ritterschaft,
Und thuen deutlich kund Euch und zu wissen,
Was wir zum Landeswohl für gut befunden,
Rechtsgültig aufzustellen als Gesetz. —
Als zeitgemäß ward es von uns erachtet,
Fortan des Adels Roßdienst zu verdoppeln,
Die Landescassen in Beschlag zu stellen
Und die Verwaltung unserm hohen Rath
Zu übertragen und anheim zu stellen,

Weil es uns so als passender erschienen,
Und wir es so beschlossen und beliebt. —

    Herzog Wilhelm (das Wort ergreifend).

Die Ritter soll'n den Lehnseid knieend leisten,
Entblößten Hauptes stets vor uns erscheinen,
Wie's jeder Landesfürst verlangen darf;
Voraussichtlich wird es wohl Niemand wagen,
Sich unserm Wunsch und kundgetha'nen Willen
Zu widersetzen frech im Uebermuth,
Doch sollte solches ausnahmsweis' geschehen,
So sei gleich seiner Lehne baar und ledig
Der Freche und bezüchtigt nach Gebühr.

    Herzog Friedrich.

Um unsern Wunsch und Willen zu vernehmen,
Hat's uns beliebt, den Adel zu berufen
Zum heut'gen Tage hier vor unsern Thron;
Wer solchem Ruf' nicht Folge hat geleistet,
Und sich nicht heute, sollte vor uns stellen,
Der gelt' als Einer, der sich schweigend fügt. —
  (Er winkt dem Obersekretair näher zu treten.)
Ihr werdet jetzt sogleich ad acta nehmen,
Was ich hier und mein herzoglicher Bruder
So eben laut und bündig kund gethan;
Wir werden's unterzeichnen, untersiegeln,
Und somit die Gesetzeskraft verleihen
Dem Document für jetzt und alle Zeit. —

    Herzog Wilhelm.

Da Niemand von den hier erschienen Rittern
Sich eines Einwand's hat erdreisten wollen,
So ist der Act rechtskräftig anzuseh'n. —

Rath Manteuffel (sich ehrerbietigst verneigend).

Gestattet mir Erlauchte Herrn und Fürsten,
In allertiefster Ehrfurcht zu bemerken,
Daß noch die Frist nicht abgelaufen ist,
Die Eure Hoheiten geruht, zu setzen
Als letzte, um vor Euch hier zu erscheinen,
Denn's schlug des Schlosses Thurmuhr noch nicht zwölf. —

Rath Wolpius.

Wie ich's vor Kurzem in Erfahrung brachte,
Sind gestern spät verschied'ne Herrn vom Adel
Auf Grund der Citation hierhergeeilt.

Herzog Wilhelm (rasch einfallend).

Wahrscheinlich werden die Gebrüder Nolden
Wohl nicht ermangeln, sich hier einzufinden,
Besonders Magnus Nolde obenan,
Der Mancherlei wird einzuwenden haben,
Denn sich als treuer Unterthan zu fügen
Gesetzen liebt der Starrkopf einmal nicht.
(aufgeregt sich erhebend)
Doch werden wir schon seine Hitze kühlen,
Den Eigensinn zu beugen schon verstehen,
Und geht in Frechheit er zu weit — nun dann! —
(schweigt einen Augenblick, fährt fort)
Dann wollen wir schon Rath und Mittel finden,
Um ihn zum Schweigen endlich doch zu bringen,
Zu lehren ihm die Unterthanenpflicht.

Rath Wolpius.

Gestattet mir gestrenger Herr in Gnaden,
Auf die Gefahren aufmerksam zu machen,
Die leicht entsteh'n, führt man den Hammerschlag

Auf's starre Eisen, ohne es zu glühen,
Um somit es geschmeidiger zu machen.

Herzog Wilhelm (einfallend).
Ihr mögt das Eisen schmieden, wie's Euch paßt,
Ich schlage zu, mag's halten oder brechen,
Und läßt sich's nicht nach meinem Wunsche strecken,
Ist's gar zu spröd', — so geh' es auf den Lauf! —

Rath Wolpius.
Fällt ein zu kräft'ger Schlag auf sprödes Eisen,
Zerspringt's in Splitter, statt sich auszudehnen,
Und bringt dem Schmiedemeister leicht Gefahr. —
So lang' sich läßt ein off'ner Kampf vermeiden,
Muß man's den Diplomaten überlassen,
Sich zu bekämpfen in dem Federkrieg. —

Herzog Wilhelm.
Ich hielt es stets weit lieber mit dem Degen,
Als mit Papier, der Tinte und den Federn;
Wo's Schwert entschied, kam's rascher stets zum Punkt.

Herzog Friedrich.
Noch ist es nicht zum Aeußersten gekommen,
D'rum lasse Deinen Degen in der Scheide,
Darfst nur in höchster Noth von Leder zieh'n. —
Dir malt die Phantasie zu düst're Bilder
Und Deine Hitze läßt Dich leicht vergessen,
Den Spruch, es folgt auf Regen Sonnenschein. —

Herzog Wilhelm.
Nie wird sich Magnus Nolde willig fügen
Gerechten Wünschen, d'rum muß man befehlen,
Und zwar rechtzeitig, ohne Zeitverlust. —

Herzog Friedrich.
Das soll gescheh'n und ich will's Beste hoffen!

Herzog Wilhelm (empfindlich).
Oft ward ein süßes Hoffen schließlich bitter.
Zu große Langmuth trug oft schlimme Früchte,
Hat sich im Leben oft gar schlecht bewährt. —

Zweiter Auftritt.

Die Vorigen, ein Herold tritt ein, verbeugt sich und meldet.

Herold.
Erlauchte Herren, gottgesalbte Fürsten!
Gestattet mir, nach meiner Pflicht zu handeln,
Zu melden, daß sich Ritter stark an Zahl
An dem Portale angesammelt haben
Und schleunigst Eintritt in den Saal begehren. —

Herzog Wilhelm (lebhaft).
Entbiete sie sogleich vor unsern Thron.
(Herold geht ab.)
Es kommt so, wie ich es vorausgesehen,
Doch nicht so leicht soll es den Herrn gelingen
Zu ändern, was von uns beschlossen ward. —

Dritter Auftritt.

Die Vorigen. — Eine große Zahl kurländischer Edelleute tritt ein, an ihrer Spitze Magnus Nolde, Gotthard Nolde und Engelbrecht Mengden, und zwar diese drei letzten bedeckten Hauptes. —

Herzog Friedrich.
Obzwar Ihr fast schon seid zu spät erschienen,
Wir unsern Willen auch schon kund gegeben,
So sei's Gesagte dennoch wiederholt. —
(Sich an den Obersekretair wendend)
Verleset laut das actum und vernehmlich;

Herzog Wilhelm (einfallend).

Und hoffentlich wird es hier Niemand wagen,
Zu widersprechen irgend welchem Punkt. —
(Der Obersekretair von Manteuffel verliest laut den herzoglichen Befehl.)

Manteuffel (wörtlich lesend).

Wir thuen deutlich kund und auch zu wissen,
Was wir zum Landeswohl für gut befunden,
Rechtsgültig aufzustellen als Gesetz:
Als zeitgemäß ward es von uns erachtet,
Fortan des Adels Roßdienst zu verdoppeln,
Die Landescassen in Beschlag zu stellen,
Und die Verwaltung unserm hohen Rath
Zu übertragen und anheim zu stellen,
Weil es uns so als passender erschienen
Und wir es so beschlossen und beliebt. —
Den Lehnseid soll'n die Ritter knieend leisten,
Entblößten Hauptes stets vor uns erscheinen,
Wie's jeder Landesfürst verlangen darf. —
Voraussichtlich wird Niemand es wohl wagen,
Sich unserm Wunsch und kundgetha'nen Willen
Zu widersetzen frech im Uebermuth,
Doch sollt' es ausnahmsweise gar geschehen,
So sei gleich seiner Lehne baar und ledig
Der Freche und bezüchtigt nach Gebühr;
Wer unserm Ruf nicht würde Folge leisten,
Und sich nicht heute wollte vor uns stellen,
Der gelt' als Einer, der sich schweigend fügt. —
(Der Rath von Manteuffel tritt zurück, legt die Akten auf den Tisch,
und es herrscht eine Zeitlang ein tiefes Schweigen, dann treten
Magnus und Gotthard Nolde gefolgt von Mengden vor den Thron,
ohne ihre Häupter zu entblößen).

Magnus Nolde (sich verneigend).

Geehrte Herren, erlauchte Landesfürsten
Möget geruh'n, mir gnädigst zu gestatten,
Hier unterthänigst Einsprache zu thun,
Auf Grund der uns verbrieften Adelsrechte
Mich fußend und bestehende Gesetze,
Die heilig und ganz unantastbar sind.

Herzog Wilhelm (wüthend gegen Magnus).

Bevor wir das Geschäftliche berühren,
Wollt' ich Dich erst auf's Ernstlichste befragen,
Wie Du es wagst und frech Dich hast erkühnt,
Bedeckten Hauptes vor uns hinzutreten?
Nachdem Du laut und bündig hier vernommen,
Was als Gesetz von uns erlassen ward. —

Magnus Nolde.

Wir handelten nach Recht und laut Gesetzen,
Wenn wir bedeckten Hauptes hier erschienen;
Gesetze giebt's nicht ohne Landtagsschluß. —
Der Herzog Gotthard, glorreichen Gedenken's,
Hat uns're Rechte feierlichst verbrieset.
Und es zu keiner Zeit von uns begehrt,
Daß wir den Lehnseid knieend sollten leisten,
Noch vor ihm tretend, unser Haupt entblößten,
Wie Ihr's erlauchte Fürsten jetzt verlangt. —

Herzog Wilhelm
(sich an die anderen Herren vom Adel wendend).

Theilt Ihr die Ansicht dieses Uebermüth'gen?
Seid gar mit solcher Frechheit einverstanden? —
Ich hoff' und wünsch' es nicht zu Eurem Heil! —

Gotthard Nolde.

Die Ansicht meines Bruder's muß ich theilen,
Halt sie auf Recht und auf Gesetze fußend. —

Engelbrecht Mengden.

Auch ich halt Magnus Nolden's Wort gerecht. —

Herzog Wilhelm (gereizt).

Drei Schwalben sind allein noch nicht im Stande,
Dem Frühlinge sein volles Recht zu sichern,
D'rum thut Ihr andern Ritter mir gleich kund,
Wen ich getreu als Unterthan darf nennen,
Und welche woll'n als Sprudelköpfe gelten,
Die pflichtvergessend hier vorm Throne steh'n;
Entblößt das Haupt als gute Unterthanen,
Zeigt Euch der herzoglichen Gnade würdig,
Und bringt nicht Eure Lehne in Gefahr. —
(Einige der Edelleute entblößen ängstlich ihre Häupter, andere bleiben
 bedeckten Hauptes stehen.)

Magnus Nolde.

Ein ungerechter Zorn ist nie zu fürchten,
D'rum zitt're ich nicht vor solchen harten Worten,
Wie Eure Hoheit sie verlautbart hat. —

Herzog Wilhelm.

Schweig Unverschämter, zwing mich nicht zu lehren
Dir Achtung, die Du Deinem Fürsten schuldest,
Laß nicht so ganz die Vorsicht außer Acht.

Magnus Nolde.

Noch hat mir Herzog Friedrich nicht entzogen
Das Wort, wie's ihm gebührt als Erstgebor'nem.

Herzog Friedrich (den Bruder besänftigend).

Gestatten wir, Jedwedem, kund zu thun,
Was er als Recht und als Gesetz erachtet,
Doch soll und muß er später auch begründen,
Was er hier sagte und was er hier that;
Sollt' Magnus Nolde sich zu weit vergehen,
Werd' ich das Wort rechtzeitig ihm entziehen,
Und's treffe ihn die Strafe wohlverdient. —

Magnus Nolde (gelassen fortfahrend).

Nichts darf allein an den Gesetzen ändern
Der Landesfürst, der Landtag muß entscheiden;
Nur die Bestät'gung steht dem Fürsten zu;
Der Akt, der hier soeben ward verlesen,
Giebt Grund, um einen Landtag zu berufen,
Der's Nöthige zur Zeit berathen soll. —

Herzog Wilhelm (in höchster Wuth).

Nimm Dich in Acht, Du unverschämter Kunde,
Desgleichen Deine Dir gefolgten Freunde;
Ihr sollt bald ernbten, was Ihr ausgesät. —
Entzogen werde Dir Dein Lehn Kalleten,
Dich Magnus Nolde treff' gerechte Strafe,
Für Worte, die Du sprachst im Uebermuth. —

Magnus Nolde.

Ein jedes Wort, das ich hier hab' gesprochen,
Kann ich vor Gott und aller Welt vertreten,
Und darf auch keine Strafe nach sich zieh'n,
Am wenigsten Entziehung meiner Lehne,
Denn die sind mir vom Könige von Polen
Verbrieft, der unser Oberlehnsherr ist;
Sich auf Gesetze und auf's Recht berufen,

Heißt nicht die Unterthanenpflicht verletzen;
Ich habe nur mein gutes Recht verlangt. —

Herzog Friedrich.

Wir werden es im hohen Rath beschließen,
Wie's hier in casu soll gehalten werden;
Seid d'rum gewärtig unf'res Urtheilsspruch's.
(sich an den Obersekretair wendend)
Verzeichnet es in Eurem Protocolle,
Daß sich die Brüder Nolden und Consorten
Geweigert haben, so, wie wir's verlangt,
Den Lehnseid landesüblich abzuleisten,
Sich außerdem erkühnt, zu widersetzen
Befehlen, die wir heute kund gethan. —
(sich an die Edelleute wendend)
Inzwischen seid in Gnaden jetzt entlassen,
Ihr Herren vom Adel und so auch Ihr Räthe;
Getreuen Unterthanen unsern Gruß. —

Herzog Wilhelm
(einen durchbohrenden Blick den Brüdern Nolde und Consorten zu=
werfend)

Die von Euch heute ausgestreuten Saaten
Sind ganz gemacht, um schlimme Frucht zu tragen,
Ein jeder Säemann erndtet, was er streut. —
(Die Herren Edelleute verneigen sich vor den Herzögen und verlassen
  den Thronsaal, die Herzöge selbst ziehen sich in ihre anderen Ge=
  mächer zurück, der Vorhang fällt und beschließt die erste Scene.) —

Zweite Scene.

(Ein Zimmer vor dem Cabinete der Herzogin Elisabeth.)

Erster Auftritt.

Das Hoffräulein **Sophie von Manteuffel** an einem Nährahmen stickend im Selbstgespräch.

Sophie v. Manteuffel.

Als Sprichwort gilt's, die Liebe hätte Flügel,
Doch scheinen Heinrich Dönhof die zu fehlen,
Denn sonst wär' er längst heimgekehrt;
Geschäfte zieh'n sich freilich in die Länge,
Trotz angewandtem Fleiß und regem Eifer,
D'rum schieb' ich der Verzög'rung ganze Schuld
Auch einzig nur auf fesselnde Geschäfte,
Bürd' sie nicht auf des Kammerjunker's Schultern,
Nur ist und bleibt das Warten höchst fatal;
Doch horch! hört' ich nicht auf dem Gange Tritte?
Ja, ja, ich hör' sie immer näher kommen;
Welch' Glück, dürft's wirklich Heinrich Dönhof sein!
Nur darf der junge Herr es ja nicht merken,
Wie's Herz mir pocht in gar zu raschen Schlägen;
Er soll's nicht wissen, daß es für ihn schlägt; —
Oft hörte ich die ältern Frauen sagen,
Die wahrlich mehr, als ich Erfahrung haben,
Man müsse niemals zeigen, daß man liebt;
Man solle jeden Freier zappeln lassen,
Und ihn erst ganz und gar zum Sclaven machen,
Bevor man ihm das heil'ge Jawort giebt! —

Zweiter Auftritt.

Sophie v. Manteuffel. — Der Kammerjunker Heinrich v. Dönhof tritt ein.

Heinrich v. Dönhof
(sich rasch, aber ehrerbietig dem Fräulein nähernd).

Ich halt's für eine gute Vorbedeutung,
Daß ich beim Eintritt hier im Schlosse
Den schönsten Stern zuerst erblicken darf,
Der leuchtend Alles hier darf überstrahlen
Mit seinem sanften, milden Himmelslichte,
Das aus dem schönsten Augenpaare strömt! —

Sophie v. Manteuffel (ihren Rahmen bei Seite schiebend).

Ich weiß es wohl, daß Sie zu scherzen lieben,
Auch gern den Scherz mit Neckereien würzen,
Doch heute scheint der höchste Grad erreicht.

Heinrich v. Dönhof (feurig).

Auch nicht ein Sylbchen mehr ist meinen Lippen
Entschlüpft und durft' Ihr zartes Ohr berühren,
Als nur der reinsten Wahrheit Wiederhall! —

Sophie v. Manteuffel.

Schon gut, schon gut, wir woll'ns dabei belassen,
Will gern den Nutzen dankbarst anerkennen,
Den Ihre Schmeicheleien mir gewährt,
Denn meine Wangen mußten sich ja röthen,
Ganz ohne Kunst und ohne Zaubermittel,
Wie man sich solcher gern bei Hof' bedient. —

Heinrich v. Dönhof.

Gewöhnlich macht die Wahrheit nicht erröthen,
Doch giebt's der Ausnahmen in allen Dingen,

Und Amor ist und bleibt ein schlauer Wicht,
Denn's scheint dem Herzensdiebe nicht zu g'nügen,
Daß er in's Herz mir einen Pfeil geschossen,
Nein, wünscht zu blenden auch mein Augenlicht,
Versucht auf's Engelsantlitz sonder Gleichen,
Noch mehr des Rosenschimmers aufzutragen,
Als die Natur es so für gut befand. —

Sophie v. Manteuffel.

Ich läug'n es nicht, zu lieben süße Speisen,
Hab' nie geschwärmt für Bitterkeit im Leben,
Doch gar zu viel des Süßen macht zu satt,
D'rum mildern Sie jetzt Ihre Honig-Phrasen
Durch Ernst und lassen mich die fata's hören,
Die Sie auf Ihren Reisen jüngst erlebt. —

Heinrich v. Dönhof.

Wohlan, mein Fräulein, da Sie es so wünschen,
Will treulich ich in Kürze das berichten
Was Neues ich von Reisen mitgebracht;
Es ist nicht viel, dürft' kaum der Mühe lohnen,
Bis in's detail es Ihnen vorzutragen,
Wär' nicht dabei ein Umstand von Gewicht. —

Sophie v. Manteuffel (neugierig aufhorchend).

Sie wollen mir in Kürze wohl entwerfen
Ein Bild von Herzog Wilhelm's Auserwählten,
Der schönen Fürstin aus Mark-Brandenburg?

Heinrich v. Dönhof.

Auch diesen Gegenstand will ich berühren,
Da mir das hohe Glück zu Theil geworden,
Des Herzogs Braut recht gründlich zu beschau'n,
Doch solch Erlebniß gar in erster Reihe

Hier aufzustell'n, das will ich unterlassen,
Weil ich ein and'res höher stellen muß. —

Sophie v. Manteuffel.

Das will mir wahrlich wunderbar erscheinen,
Denn heut'gen Tag's scheint Alles sich zu drehen,
Im Tagsgespräch nur um des Herzogs Braut. —

Heinrich v. Dönhof.

Mag sein, doch ich hab Wichtiger's vernommen,
Durft' meine eig'ne Zukunft rosig schauen. —

Sophie v. Manteuffel (lebhaft).

Oh, nennen Sie die Wundermähr' doch rasch;
Sie steigern meine Ungeduld auf's höchste
Durch Ihre gar zu misteriösen Worte,
Sie seh'n, ich brenne schier vor Ungeduld. —

Heinrich v. Dönhof.

Wohlan, um Ihren Wünschen rasch zu g'nügen,
Will ich kurzweg das Wichtigste berühren,
Was ich auf Reisen in Erfahrung bracht;
Ich will mit meiner Irrfahrt letztem Ende,
Statt mit dem Anfang dieses Mal beginnen,
Berichten, was ich Wichtiges gehört. —

(In erzählendem Tone fortfahrend.)

Bevor ich Mitau's Pflaster sollt' betreten,
Auf's Neue heimgekehrt von weiten Reisen,
Sprach ich bei Zacharias Stopius vor,
Dem Doktor und berühmten Astrologen,
Der seine astrologischen Kalender
Vor Zeiten Herzog Gotthard übersandt;

Sophie v. Manteufel (verwundert).

Was soll ich gar aus Ihrem Astrologen,
Und noch dazu aus dem Kalender machen?
Wo völlig fremd mir ist die Sternenwelt.

Heinrich v. Dönhof.

Der weltberühmte Doktor hat's gelesen
Im Gange der stillwandelnden Gestirne,
Hat's mir als Lebens-Horoscop gestellt,
Daß nächstens werde in den Brautstand treten
Sophie, Kurland's allerschönste Zierde,
Und mich mit ihrer hohen Gunst erfreu'n! —

Sophie v. Manteufel (lächelnd).

Nun, in dem Ausspruch liegt nichts Wunderbares;
Es läßt sich leicht dazu die Deutung finden;
Da Herzog Wilhelm's Braut Sophie heißt
Und, da Sie, als des Herzogs Abgesandter,
Den Brautschmuck und die Grüße überbrachten,
Dürft Ihnen wohlgeneigt die Fürstin sein! —

Heinrich v. Dönhof (rasch einfallend).

Nicht von der Braut des Herzogs war die Rede,
Die auch Sophie ward bei ihrer Taufe
Gleich Ihnen holdes Fräulein so benamt.

Sophie v. Manteufel.

Schon wieder Scherz, gemischt mit Neckereien,
Entglitt' nach alter Art jetzt ihren Lippen,
Sollt' wieder färben mir das Antlitz roth. —

(Man hört im Nebenzimmer schellen.)

Doch horch, mir schien die Herzogin zu schellen,
Will seh'n, was wohl der hohen Herrin Wünsche
Jetzt dürften sein, bin baldigst wieder hier. —

(Geht eiligst ab).

Dritter Auftritt.

Der Kammerjunker **Heinrich v. Dönhof** allein, setzt sich auf ein Sessel und hällt ein Selbstgespräch.

Heinrich v. Dönhof.

Das Fräulein scheint es gründlich zu verstehen,
Gefühle ihres Herzens zu verbergen,
Doch ist mir mehr, als sie es glaubt, bekannt;
Mir hat Sophiens Schwesterchen Elise,
Ja Allerlei recht liebevoll vertraut,
Was in Sophiens Herzensgrunde ruht;
Und Gott sei Dank, nur Günstiges vernehmen,
Durft' da mein Ohr, heißt meine Hoffnung bauen,
Auf festem Grund, zeigt nahe mir mein Glück; —
Ließ sich des Vaters starrer Sinn nur beugen,
Um zu ertheilen uns den Vatersegen,
Doch damit steht es leider ziemlich schlimm;
Persönlich ist der Alte mir gewogen,
Doch meine Mittel woll'n ihm nicht genügen,
Wünscht sich nur einen reichen Schwiegersohn.

Vierter Auftritt.

Der Vorige, die Herzogin gefolgt von Fräulein **Sophie Manteuffel** tritt ein, **Heinrich v. Dönhof** erhebt sich rasch vom Sessel, die Herzogin winkt ihm näher zu treten und reicht ihm die Hand zum Kusse.

Herzogin Elisabeth.

Nehmt meinen Gruß, ich heiße Euch willkommen
Nach langer Fahrt durch fremder Herren Lande,
Aus denen Ihr wohl manches Neue bringt? —
(Die Herzogin setzt sich.)

Heinrich v. Dönhof.

Ja, Hoheit, manches Neue durft' ich schauen,
In jenen Ländern, die sich Deutschland nennen,
Doch fand ich Weniges nach meinem Sinn;
Man pflegt sich Bilder oft aus weiter Ferne
Mit schön'ren lichter'n Farben auszumalen,
Als sie es sind, wenn sie uns nahe steh'n.

Herzogin Elisabeth.

Vor allen Dingen wünschte ich zu hören,
Ob günstig wohl der Eindruck ist gewesen,
Den Herzog Wilhelms Braut auf Sie gemacht;
Ich wünsch', Herr Junker, daß Sie frei und offen,
Ganz ungenirt mir Ihre Meinung sagen,
Denn ich lieb nur ein ähnlich treues Bild. —

Heinrich v. Dönhof.

Ich glaube es, daß Markgraf Albrechts Tochter,
Prinzeß Sophie, ganz Eurer Hoheit Wünschen
In jeder Hinsicht wohl entsprechen dürft',
Da sie mit Schönheitsreizen auch verbindet
Der Tugend höchsten Grad und Herzensgüte,
Wie man sich's nur auf Erden wünschen kann.

Herzogin Elisabeth.

Es freut mich sehr, solch Urtheil zu vernehmen,
Bin höchst gespannt, die Schwägerin zu sehen
Und sage Euch für gute Botschaft Dank. —

Heinrich v. Dönhof.

Gar gnädig Hoheit, wie zu allen Zeiten,
Hör' ich auch heut' der Herrin Worte tönen,
Und bleibe stets wie ich es war, Ihr Knecht. —

Herzogin Elisabeth (scherzend).

Doch, um auf ander'n Gegenstand zu kommen,
Hört' ich auch gern, wie der Empfang gewesen,
(auf Sophie deutend)
Des Fräulein's hier, das Sie zuerst begrüßt?

Heinrich v. Dönhof.

Ein wenig kälter, als ich's hätt' erwartet,
Doch, wie ich hoff', ist's nur die äuß're Hülle,
Die einer Marmorbüste ähneln will. —

Sophie v. Manteuffel (rasch einfallend).

Sie wollen mich als Marmorbüste schildern,
Weil ich nichts wissen will vom Astrologen
Und von Kalendern, die einst Stopius schrieb;
Weil ich nicht kenn' der Sterne Lauf und Bahnen,
Ich's nicht versteh' was die uns deutend sagen,
Und Ihnen ward durch Stopius verbrieft. —

Herzogin Elisabeth.

Was hat es mit den Sternen für Bewenden?
Was hat denn der berühmte Astrologe
Jetzt Neues an dem Himmelszelt entdeckt?

Heinrich v. Dönhof.

Er hat dort in den unbekannten Welten
Gelesen und als Horoscop verkündet,
Daß ich theilhaftig würd' Sophia's Gunst. —

Sophie v. Manteuffel (rasch einfallend).

Ja ja, will's auch als reinste Wahrheit nehmen,
Daß Herzogin Sophie ihre Gnade
Dem Junker Dönhof nicht entziehen wird. —

Herzogin Elisabeth.

Dem alten Astrologen hat's beliebet,
Schlechtweg Sophia's Namen anzudeuten,
Doch, wen er meint, blieb völlig ungenannt.
Drum mag der Junker Dönhof weiter schwärmen,
Mit seinem Astrologen und den Sternen,
Bis sich des Sternendeuter's Spruch bewährt. —

Heinrich v. Dönhof.

Ich will mein sehnlichst Hoffen einzig bauen,
Nur auf des Himmels und des Vaters Segen,
Wie auch, daß weicher wird der Marmorstein. —

Herzogin Elisabeth.

In Gnaden seid Herr Junker Ihr entlassen,
Geht jetzt mit Gott und bleibt bei Eurem Hoffen,
Bedenkt, Geduld ward oftmals schon belohnt. —
(Heinrich v. Dönhof verneigt sich ehrerbietigst vor der Herzogin, wirft
 dem Fräulein einen schmachtenden Blick zu und geht ab.)

Fünfter Auftritt.

Die Herzogin Elisabeth und Fräulein Sophie v. Manteuffel.

Herzogin Elisabeth.

Ja, ja mein Kind, gar dunkel sind die Winke,
Die nächtlich uns die treuen Sternlein geben,
Und schwierig scheint die Deutung auch zu sein.

Sophie v. Manteuffel.

Auch Eure Hoheit lieben es, zu scherzen,
Seh'n gar zu gern, mich armes Kind erröthen.

Herzogin Elisabeth.

Der Wangen Roth erhöht die Schönheit stets,
     (die Herzogin steht auf und streichelt Sophiens Wangen.)
Und soll ich offen meine Meinung sagen,
Müßt' ich's dem Junker Dönhof zugestehen,
Daß er es, wie kein Anderer versteht,
Im Dornenstrauch die Rosen zu entdecken,
So sehr sie sich auch zu verbergen suchen
Und scheinbar mit den Stacheln droh'n. —

Sophie v. Manteuffel (um von diesem Gegenstand abzulenken).

Ich glaube Hoheit wollten heut' empfangen
In Audienz die Landtags-Deputirten,
     (auf die Tischuhr deutend.)
Und dort der Zeiger mahnt an das Diner!

Herzogin Elisabeth.

Ganz recht mein Kind, fast hätte ich's vergessen,
Daß ich empfangen soll die Landtags-Gäste,
Bevor wir zu der Mittagstafel geh'n;
Wir wollen gleich an die Toilette denken,
Und vor der Hand die Sterne wandeln lassen,
Damit auch Stopius an Zeit gewinnt,
Um zweifellos es endlich festzustellen,
Wem eigentlich die Deutung sollte gelten,
Als mystisch er Sophiens Namen nannt? —

Sophie v. Manteuffel.

Die Uhr und Zeit eilt rasch in ihrem Gange. —

Herzogin Elisabeth (rasch einfallend).

Und bringt uns auch bisweilen Sorgen,
Macht mich auch für die nächste Zukunft bang,

Denn, was ich jüngst vom Noldenstreit vernommen,
Könnt' gar zu leicht den schlimmsten Ausgang nehmen,
Läßt mich ein wenig schwarz die Zukunft schau'n;
Es ist und bleibt ein Starrkopf, sonder Gleichen,
Der Magnus Nolde wird sich nimmer beugen,
Vor Herzog Wilhelm, wie sich der es wünscht. —
Und Wilhelm geht, ich fürcht's, in seiner Hitze
Leicht weiter, als es die Vernunft gebietet;
Doch laß uns geh'n, es ist die höchste Zeit. —
(Die Herzogin Elisabeth gefolgt von Fräulein Sophie v. Manteuffel
geht ab.)

(Der Vorhang fällt und beschließt den zweiten Aufzug).

Dritter Aufzug.

Erste Scene.

Ein großer Saal, in welchem die Landtags-Deputirten, wie auch andere Herren, kurländischen Adels, versammelt sind, unter denen die Brüder Magnus und Gotthard v. Nolde, Engelbrecht v. Mengden, Chrystopher v. Fircks, Otto v. Grothuß, Chrystopher v. Piepenstock, Wilhelm v. Rummell, Moritz v. Rolshausen u. a. m.

Erster Auftritt.

Die hier Genannten in lebhafter Discussion, später tritt der herzogliche Kanzler Rath Michael v. Manteufel ein. —

Magnus Nolde.

Wenn wir uns Alles das gefallen lassen,
Was Herzog Wilhelm wünscht uns aufzubürden,
Sind freie Herrn wir nur dem Namen nach,
Sonst jedem Negersclaven gleichzustellen,
Der fürchtend seines Zwingherrn derbe Peitsche,
Geduldig schweigsam zieht im Sclaven-Joch'! —

Engelbrecht v. Mengden.

Ja wahrlich, weit ist es mit uns gekommen;
Bald werden wir die angestammten Rechte,
Die uns're Ahnherrn einst so schwer erkauft,
Für die manch' Tropfen Ritterblut's geflossen,
Und mancher Edle frühen Tod gefunden,
Gleich Rauch und Wasserdampf verfliegen seh'n. —

Gotthard Nolde (rasch einfallend).

Ja, so kann es unmöglich weiter gehen,
Soll nicht der ganze Bau zusammenstürzen,
Den Herzog Gotthard väterlich gepflegt. —

Moritz v. Rolshausen.

So drohend mir auch Manches will erscheinen,
Wär' ich geneigt, als Gegenwehr zu stellen,
Geduld an Stelle Haders und des Zwist's;
Der Herzog Wilhelm muß zur Einsicht kommen,
Daß eine falsche Bahn er hat betreten,
Auf den sein hitzig Blut ihn hingelenkt.

Magnus Nolde.

Nicht hitzig Blut, noch jugendlicher Eifer
Bracht ihn auf falsche, unerlaubte Wege,
Nur böser Wille ist's und Uebermuth;
Ich fäll' mein Urtheil nicht in eig'ner Sache,
Will das Gemeinwohl nur im Auge halten,
Doch scheint Geduld mir hier nicht ganz am Ort.
Ich seh's voraus, man wird mein Lehn mir rauben,
Doch nicht so leicht soll solcher Streich gelingen,
Und, wenn's gelingt, soll kurz die Freude sein! —

Gotthard Nolde (besänftigend).

Geh' Bruder nicht zu weit in deinem Dräuen,
Laß nicht des Siedpunkt's höchsten Grad erreichen
Dein Blut, denn's Urtheil ist noch nicht gefällt.

Magnus Nolde.

Die Drohung hab' vor Zeugen ich vernommen,
Hat Wilhelm laut und deutlich ausgesprochen,
Der stets im Bösen hält getreulich Wort;

Nur im Beginn läßt sich die Flamme löschen,
Doch hat sie erst das ganze Dach ergriffen,
Sieht bald man Schutt, wo jüngst ein Haus noch stand. —

Chrystopher v. Piepenstock (sich an die Versammlung wendend).

Herr Magnus Nolde spricht vom Feuerlöschen,
Bevor sich uns die Feuersäulen zeigen,
Kaum Funken sichtbar wurden in dem Land;
Zwar läßt es sich nicht ganz und gar verläugnen,
Daß Herzog Wilhelm manchen Stoß gegeben,
Herkömmlichen Gesetzen und dem Recht,
Die Herzog Gotthard, glorreichen Gedenken's,
Dem Adel und dem Landvolk fest verbrieset,
Auch väterlich gewährt der Bürgerschaft. —

Magnus Nolde (lebhaft einfallend).

Hat er das Recht den Roßdienst zu verdoppeln?
Die Landesgelder sämmtlich einzuziehen?
Und gar in seinem höchsten Uebermuth,
Es zu verlangen, daß wir's Haupt entblößen,
Und, wie vor Gott, vor ihm die Knie beugen,
Wenn er's als Gnaden-Act betrachtet wünscht,
Daß er ererbte Lehne uns verlängert,
Aus leerer Form sich bildet Hoheitsrechte,
Die's Land noch keinem Herzog zugestand?

Christopher v. Piepenstock.

Zu herzoglichen Hoheitsrechten
Zähl' ich die Lehn'sverlängerung mit nichten,
Doch ist's als usuelles Recht im Brauch. —

Magnus Nolde.

Mag auch als solches weiter fortbestehen
Und hätte nichts dagegen einzuwenden,

Ließ Herzog Wilhelm es beim alten Brauch,
Doch eigenmächtig uns jetzt aufzubürden
Gesetze, ohne weiter zu befragen,
Die Landtagsboten, wie es sich gebührt,
Das geht zu weit, ist wahrlich nicht zu dulden,
Selbst hätten wir geerbt von sanften Lämmern
Nur Langmuth und Geduld noch obendrein;
Ich werde mich stets den Gesetzen fügen,
Doch nie mein Knie' vor dem Tyrannen beugen,
(sich an die Versammlung wendend.)
Und wie ich hoff' thut's Keiner von Euch gern?
Es entsteht eine Bewegung in der Versammlung. Einige Herren
stimmen für Magnus Nolden's Ansicht, bezeugen es durch Mienen,
andere dagegen, murren und verrathen Besorgniß. Endlich tritt Ruhe
ein, als der Herold den Kanzler v. Manteuffel anmeldet. —

Zweiter Auftritt.

Alle Vorigen, Kanzler v. Manteuffel tritt ein.

v. Manteuffel (die Landtags=Deputirten grüßend).

Geehrte Herrn und Landtags=Deputirte!
Empfangt den Gruß der Herren Landesväter,
Der Herzöge von Kurland und Semmgal'n,
Den ich Euch sollte wörtlich überbringen,
Im Namen meiner Herren und Gebieter;
Als deren Kanzler ich hier vor Euch tret. —

Verschiedene Stimmen.

Wir werden solchen Gruß nicht unterschätzen,
Betrachten ihn als Zeichen hoher Gnade,
Wie es getreuen Unterthanen ziemt. —

v. Manteuffel.

Doch leider muß ich auch zugleich erfüllen,
Vielleicht die schwerste aller meiner Pflichten,
Indem ich kundthu' einen Urtheilsspruch,
Der hart soll treffen zwei von unser'n Brüdern,
Weil sie's gewagt, Gebräuche zu verletzen,
Die ein Decret der Herzöge verfügt.

Magnus Nolde (ungeduldig einfallend).

Von mir allein, doch nicht von meinem Bruder,
Kann in dem Urtheil, dessen Sie erwähnen,
Herr Kanzler, wie ich hoff', die Rede sein;
Ich bitte wörtlich Alles vorzutragen,
Was die gestrengen Landesherr'n beliebten,
Als unumstößlich Urtheil aufzustell'n. —

v. Manteuffel (ein Actenstück hervorholend).

Um möglichst kurz die Sache abzumachen,
Will wörtlich ich den Urtheilsspruch verlesen,
Wie der hier auf dem Documente steht,
Das eigenhändig wurde unterschrieben,
Wie auch verseh'n mit herzoglichem Siegel
Und zur Verlesung mir ward anvertraut. —

(Er liest den Inhalt laut vor)

Wir Herzöge von Kurland und Semmgallen
Thun hiemit kund und geben es zu wissen,
Was wir als Urtheil und zu Recht erkannt. —
Den Herren Magnus und auch Gotthard Nolden
Erklären wir verlustig ihrer Lehne,
Für Gegenwart und auch für alle Zeit,
Weil sie sich nicht Gesetzen wollen fügen,
Die zu erlassen, wir für gut befunden,
Und somit fast schon Hochverrath geübt. —

Um strafend möglichst milde zu verfahren,
Hab's bei der Lehnsentziehung sein Bewenden,
Sei jede and're Strafe nachgeseh'n —
Als warnend Beispiel soll dies Urtheil dienen,
Wird hoffentlich, so Gott es will, genügen,
Jedweden zu ermahnen an die Pflicht,
Die Unterthanen angestammten Fürsten
Getreulich zu erfüllen, sind gehalten,
Wie es der Schöpfer selbst so festgestellt. —

    Otto v. Grothuß.

Als milde solchen Urtheilsspruch zu nennen,
Hat es beliebt, den strengen Landesherren,
Obgleich es schwerlich härter lauten könnt'.

    Wilhelm v. Rummell.

Ob streng, ob milde, lass' ich unentschieden,
Doch werf ich auf, die gar gewicht'ge Frage,
Ob competent wohl ist der Urtheilsspruch? —

    Magnus Nolde.

Die Lehne können einzig uns entziehen,
Als Lehn'sherrn, nur die Könige von Polen;
Den Herzögen stand solches Recht nie zu;
Der Urtheilsspruch, der eben ward verlesen,
Kann weder mich, noch meinen Bruder treffen,
Ich leg' dagegen feierlich Protest. —
Hier öffentlich vor unsern Landesboten
Erklär' ich laut und bitt' es einzutragen,
Im Tags=Journal, daß ich nicht anerkenn',
Die Lehnsentziehung und Verlust der Güter,
Die uns vererbt, laut Recht und laut Gesetzen,

Der sel'ge Vater kraft des Testaments,
Das Herzog Gotthard, glorreichen Gedenkens,
Durch Unterschrift und Beidruck seines Siegels
Als unumstößlich fest bestätigt hat. —
Mein Recht werd' ich, wie sich's gebührt, schon suchen,
Doch thut es Noth, werd' ich mir selber helfen,
Setz' Hab und Gut, und's Leben auch auf's Spiel! —

   v. Manteuffel (sich an die Versammlung richtend).

Nachdem ich hier aus Magnus Nolden's Munde,
Manch' hartes Wort hab' leider hören müssen,
Das jede Unterthanen=Pflicht verhöhnt,
Seh' ich, geehrte Herr'n, mich nothgedrungen,
Die Landtags=Deputirten zu befragen,
Ob Magnus Nolde sprach in Ihrem Sinn?
Wär' das der Fall, müßt' ich, kraft meines Amtes
Und laut dem Auftrag uns'rer Landesherren,
Verlangen, daß der Landtag würd' vertagt. —

Eine Unruhe in der Versammlung giebt sich durch Murren und Mienen kund, und man hört halblaute Worte, die sich die Deputirten gegenseitig zuflüstern.

   Christopher v. Piepenstock (sich von seinem Sitze erhebend).

Gesetzlich scheint kein trifft'ger Grund vorhanden,
Die brüderliche Conferenz zu heben,
Weil uns'rer Brüder einer es gewagt,
Ganz frei und frank, die Ansicht auszusprechen,
Daß die Entziehung der vererbten Lehne
Dem Oberlehnsherrn nur gestattet sei;
Ist Magnus Nolde gar zu weit gegangen
Im Ausdruck und in manchem harten Wort,
So treff' die Strafe ihn, die er verwirkt. —

Wilhelm v. Rummell.

Auf keinen Fall ist's Wort des einen Bruders
Der ganzen Brüderschaft zur Last zu legen,
Kann nie des Landtags Schließung nach sich zieh'n. —

Magnus Nolde.

Was ich gesagt und nochmals wiederhole,
Daß ich mein Recht mir selber schaffen werde,
Ist nicht des Landtags Sache; — meine ist's! —

v. Manteuffel.

Ich halte meinen Auftrag für erledigt,
Werd' wörtlich es den Herzögen berichten,
Wie hier in casu Abstimmung entschied.

Verschiedene Stimmen.

Ja einzig Stimmenmehrheit soll entscheiden,
Ob wir Versammelte soll'n weiter tagen. —

Landboten-Marschall
(klingelt, erhebt sich und ergreift seinen Marschallstab).

Ich bitte, meine Herrn, nach Landtagsbrauch,
Durch Abstimmung die Frage zu entscheiden;
Ein Jeder möge sich vom Sitz' erheben,
Der für den Fortbestand des Landtags stimmt,
Dagegen Alle die jetzt sitzen bleiben,
Zu zählen sind als solche, die sich fügen
Dem Wunsch der Fürsten, der verkündet ward
Durch ihren Kanzler kund und bündig,
Doch wörtlich auch, wie es ihm ward geboten,
Von beiden Herzögen als Tagsbefehl. —
(Die Mehrzahl der Landboten erhebt sich, stimmt somit für's Weitertagen.)

Landboten=Marschall (zum Kanzler).

Die Frage ist durch Abstimmung entschieden,
Die Mehrzahl stimmt für's weit're Fortbestehen
Der Sitzungen, glaubt sich in ihrem Recht. —

v. Manteuffel.

Kühn halt ich zwar der Ritterschaft Verfahren,
Doch was gescheh'n, werd' wörtlich ich berichten,
So ungern ich ein Hiobsbote bin. —
(Er verneigt sich und geht ab).

Landboten=Marschall.

Für heute wollen wir die Sitzung heben,
Um's Weitere dann Morgen zu berathen,
Hoff' morgen vollzählig die Herrn zu seh'n.
(Der Landboten=Marschall, erhebt sich von seinem Sitze, stellt seinen
Marschallstab bei Seite, die Herren verlassen ihre Sitze und schicken
sich unter Vortritt des Landboten=Marschalls an, den Saal zu verlassen,
während dessen der Vorhang fällt und die erste Scene beschließt.

Zweite Scene.

Arbeits=Cabinet der Herzöge im Schlosse zu Mitau.

Erster Auftritt.

Herzog Friedrich und Wilhelm im lebhaften Gespräche.

Herzog Wilhelm (aufgeregt).

Wo bleibt der Kanzler so unendlich lange,
Denn unser Auftrag ließ sich rasch vollziehen,
Bedarf der Worte und der Zeit nicht viel. —

Herzog Friedrich.

Der Auftrag ist vollführt in wenig Worten,
Doch, ob sich Alle unser'n Wünschen fügen,
Scheint mir weit mehr, als zweifelhaft zu sein.

Herzog Wilhelm.

Bin's überzeugt, das Wenige es wagen,
Im vollen Ernste sich zu widersetzen,
Dem Urtheilsspruch und Wunsche ihrer Fürsten.

Herzog Friedrich.

Du sprichst vom Urtheil, doch zugleich von Wünschen
Und in den Wünschen liegt gerad' das Schlimmste,
Weil zum Befehlen wir nicht sind befugt.

Herzog Wilhelm (lebhaft).

Wo Fürstenwünsche nicht zum Ziele führen,
Da müssen Zwang und die Befehle helfen,
Nur dürfen Herrscher ja nicht ängstlich sein.

Zweiter Auftritt.
Die Vorigen, der Kanzler v. Manteuffel tritt ein.

v. Manteuffel.

Gestrenge Herren! verzeiht mein langes Säumen,
Doch ging nicht Alles glatt, wie ich es hoffte,
Ich stieß auf manchen harten Widerspruch.

Herzog Wilhelm (rasch einfallend).

Ich will's nicht hoffen, daß zu widersprechen,
Den Muth gehabt die Landtags-Deputirten
Beschlüssen, die rechtskräftig wir verfügt.

v. Manteuffel.

Ich muß es leider Hoheit Euch berichten,
Daß es die Landesboten kühnstens wagten,
Sich stützend auf Gesetze und ihr Recht,
Die Competenz dem Urtheil abzusprechen,
Wie auch die anbefohlene Vertagung
Des Landtags, minderzählich Anklang fand.

Herzog Wilhelm (im höchsten Zorn).

Solch Bubenstück, das konnten wahrlich wagen
Nur die Gebrüder Nolden und Consorten,
Doch schwöre ich's bei meiner Fürsten=Ehr',
Daß ich mit meinen Füßen sammt den Sporen,
Den Leib der frechen Kunden werde treten,
Bis ihnen Dreck aus Mund und Nase spritzt. —

Herzog Friedrich (besänftigend).

Geh' Bruder nicht zu weit in deiner Hitze,
Laß einzig Recht und die Gesetze walten,
Gesetzes Achtung ziert jedweden Thron,
Weit mehr, als Seidenstoff und Goldbrokate,
Erhöht weit mehr den Glanz der Fürstenkrone,
Als Perlenschmuck und 's edelste Gestein. —

Herzog Wilhelm.

Ganz recht, Gesetze muß der Herrscher achten,
Doch ist ein Machtspruch ganz an seinem Orte,
Wo Hochverrath, wie hier zu Tage liegt. —

Herzog Friedrich (zum Kanzler).

Mit Ruhe woll'n wir's Weitere berathen,
Legt dort auf jenen Tisch die Acten nieder,
Sollt weiteren Befehl's gewärtig sein;

Heut' wollen Alles wir bei Seite schieben,
Um uns des Ballfest's Freude nicht zu schmälern,
Das baldigst seinen Anfang nehmen soll.
Ich ziehe mich, um's Nöth'ge anzuordnen
Zurück, mögt's Weitere, thut's Noth, berathen,
Mit Herzog Wilhelm, wenn's dem so beliebt. —

(Er geht ab.)

Dritter Auftritt.

Herzog Wilhelm und der Kanzler v. Manteuffel.

Herzog Wilhelm.

Ihr sollt sogleich auf's Eiligste entsenden
Den Rath v. Linstow nach dem Schloß Kalleten,
Doch gebt ihm auch die nöth'ge Mannschaft mit. —
Er soll Besitz vom Schloß und Gründen nehmen,
Und, thut es Noth, Gewalt sogar gebrauchen;
Fortan soll's Lehngut Staats-Domaine sein.
Verwirkt hat Magnus Nolde alle Rechte
An seinem Lehn', wär' härter noch zu strafen,
Doch werde ihm die Strafe nachgeseh'n,
Weil Herzog Friedrich es geruht, zu wünschen,
Daß es nur bei der Lehnsentziehung bliebe,
Selbst solchen Schritt schon ziemlich ungern thut. —

v. Manteuffel.

Gefährlich scheint's, doch will ich mich beeilen,
Euer Hoheit Auftrag pünktlich auszuführen.

Herzog Wilhelm.

Ja, ja, thut schleunigst Eure Schuldigkeit;
Das Sprichwort heißt, man muß das Eisen schmieden,

Solang' es roth ist und noch Funken sprüht,
Denn wird es kalt, trotzt es dem Hammerschlag'! —

v. Manteuffel.

Bin ich von Eurer Hoheit jetzt entlassen?

Herzog Wilhelm.

Geht gleich an's Werk, das ich Euch aufgetragen,
Doch hoffe ich beim Ballfest' Euch zu seh'n. —
(v. Manteuffel verbeugt sich vor dem Herzoge und geht ab; der Vorhang
fällt und beschließt die zweite Scene.)

Dritte Scene.

Erster Auftritt.

Ein hellerleuchteter Ballsaal; Herzog Friedrich und seine Gemahlin sitzen im Hintergrunde
des Lokals, empfangen die eintretenden Ballgäste, während der Tanz bereits begonnen
hat. — Man hört Tanzmusik und sieht tanzende Jugend. In dem durch Säulen
abgetrennten Vordergrund des Saales unterhält sich Herzog Wilhelm mit verschiedenen
Herren und Damen, so auch etwas bei Seite tretend mit dem Kammerjunker v. Dönhof.

Herzog Wilhelm (zum Kammerjunker v. Dönhof).

Ich' sag Euch nochmals Dank für die Berichte,
Die Ihr, jüngst heimgekehrt von weiten Reisen,
Mir abgestattet habt und mich erfreut. —
(halblaut, vertraulich)
Doch hört' ich auch, daß Euch der Astrolog,
Der Doktor Stopius für nächste Zukunft
Ein gar so günstig Horoscop gestellt.

Heinrich v. Dönhof.

Eur Hoheit wünschen mit mir Scherz zu treiben,
Doch scheinen nicht dem Seherblick zu trauen,
Wie ich, der's Glück nur auf die Sterne baut. —

Herzog Wilhelm.

Ich hab's bemerkt, daß Sie Ihr Glück gern bauen
Auf's Sternen=Paar, kurzweg gesagt, die Augen
Gern seh'n von unsres Kanzlers Töchterlein.

Heinrich v. Dönhof.

Wer sollte solches Sternbild ungern schauen?
Wen dürfte nicht das milde Licht erfreuen?
Das deutlich zeigt, was in dem Herzen ruht!

Herzog Wilhelm.

Ja, ja, doch weiß der kleine Schalk zu Zeiten,
Wo's passend scheint, wohlweislich zu verbergen
Gefühle, die er still im Herzen trägt,
Doch ein Geheimniß gänzlich zu bewahren,
Gelingt nur selten einem weiblich' Wesen,
Mag gern ein Zweites in's Vertrauen zieh'n;
Drum hab' auch ich manch' hingeworf'nes Wörtchen
Gleichsam als Echo's Wiederhall vernommen,
Ward's mir verblühmt, sub rosa auch vertraut.

Heinrich v. Dönhof.

Das Echo, wie es Hoheit so benennen,
Hab' ich endeckt, glaub's selber auch zu kennen,
Kann nur des Kanzlers ält'ste Tochter sein. —

Herzog Wilhelm.

Ganz recht und kann's zu Ihrem Troste sagen,
Daß ich für Sie nur Günstiges erfahren,
Wie's Ihnen Stopius so prophezeit.

Heinrich v. Dönhof.

Auch ich hätt' Grund, das Günstigste zu hoffen,
Wär' nicht Sophien's Vater Wiedersacher

In dieser Herzensangelegenheit;
Er wünscht nur einen Schwiegersohn zu haben,
Der reichlicher mit Mitteln ausgestattet
Müßt sein, als ich, der wenig bieten kann.

Herzog Wilhelm (heimlich ins Ohr flüsternd).

Sie sollen meines Beistand's sich erfreuen,
Wenn mein Begehr Sie blindlings stets erfüllen,
Selbst, wenn es gegen Ihr Gewissen geht. —
(Der Herzog Wilhelm macht rasch Kehrt, geht in den Hintergrund des
 Saals, kehrt aber bald mit dem Kanzler v. Manteuffel in den
 Vordergrund zurück.)

Kanzler v. Manteuffel.

Wie es mir Eure Hoheit anbefohlen.
Hab' Linstow ich auf's Eiligste entsendet
Nach Schloß Kalleten, ist schon unterwegs.

Herzog Wilhelm.

Schon gut, doch mag's zur Zeit Geheimniß bleiben,
Was in der Angelegenheit geschehen,
Weshalb, sei Ihnen später mitgetheilt;
Doch a propos, was würden Sie wohl sagen,
Wollt' Ihnen ich zur Zeit in Vorschlag bringen,
Gar einen Schwiegersohn nach meiner Wahl?
Der Aussicht hat, Woiwode bald zu werden,
Von Pernau und dem ich zum Leibgedinge
Für's Töchterlein ein Scherflein bieten will.

v. Manteuffel (höchst erstaunt).

Die Frage muß mich höchlichst überraschen,
Erscheint mir fast, als fiel sie aus den Wolken,
Gleich einen Blitzstrahl, der zur Erde fährt.

Herzog Wilhelm.

Darf's Ihnen gar so wunderlich erscheinen,
Daß mich des jungen Mannes Wohl und Wehe,
Zu viel, wie's Ihnen däucht, am Herzen liegt? —
Mein Grundsatz ist's und wird es immer bleiben,
Daß sich der Mensch muß gegenseitig helfen,
Denn ganz allein steht Jeder machtlos da;
Wir Herrscher müssen uns am meisten stützen
Auf Beistand und auf Unterthanen Treue,
Soll'n Kron' und Scepter ganz gesichert sein.

v. Manteuffel.

Sie sprechen Hoheit ganz aus meinem Herzen,
Bin ganz und gar mit Ihnen einverstanden,
Mag gern der Kinder feste Stütze sein,
Doch auch um keinen Preis der Welt erleben,
Daß meine Töchter einstmals darben müßten,
Wähl' deshalb Dönhof nicht zum Schwiegersohn.

Herzog Wilhelm.

Es kann sich Alles ja nach Wunsch gestalten
Und ich will auch zur Zeit ein Scherflein spenden,
(halblaut bei Seite).
Wenn Dönhof nur nach meiner Pfeife tanzt. —
(Der Herzog Friedrich kommt auch in den Vordergrund des Saales.)

Herzog Friedrich (zum Kanzler).

Mir däucht, es handelt sich um ernste Dinge,
Die meiner Ansicht nicht zum Ballfest passen. —

v. Manteuffel.

Mit nichten Hoheit, dies Mal war es Scherz,
Obgleich die nächste Zukunft bringen dürfte,
Gar viel der Sorgen und manch' trüben Tag. —

Herzog Friedrich.

Ja, leider läßt sich Mancherlei befürchten,
Das wenig Scherz, doch desto mehr der Sorgen
Für Thron und Land in schlimme Aussicht stellt;
Die beiden Brüder Nolden und Consorten,
Kann harte Steine man mit Recht benennen,
Und Herzog Wilhelm's Sinn ist spröder Stahl;
Wo solche Elemente sich berühren,
Da dürfen leicht die Funken um sich sprühen,
Kommt es nur gar zu leicht zur Feuersbrunst. —

Herzog Wilhelm (lebhaft einfallend).

Dem Feuer ist Gefahr nicht abzusprechen,
Drum muß man zeitig an das Löschen gehen,
Geht das mit Wasser nicht, so geht's mit Blut,

Herzog Friedrich.

Bedenke Bruder, daß sich blut'ge Flecken
Nicht gar so leicht und ganz verwischen lassen,
Daß blut'ge Saat die schlimmsten Erndten bringt. —
(Der Herzog Friedrich nimmt den Herzog Wilhelm unter den Arm und geht langsam in den Hintergrund, an den Bruder noch die Worte richtend.)
Für heute wollen wir bei Seite schieben
So viel, als möglich, Sorg' und ernste Dinge,
Die freie Zeit der Lust und Freude weih'n. —

v. Manteuffel (allein zurückbleibend).

Wie sind die Brüder doch so ganz verschieden?
Der Eine stets aufbrausend in der Hitze,
Der And're ruhig, schlau und stets bedacht;
Ich glaube Herzog Friedrich zu durchschauen,
Er wünscht den Schein selbst von sich abzuwenden,
Als hätt' er seine Hände mit im Spiel

Bei der so rasch verfügten Lehnsentziehung,
Zu der Befehl nur Herzog Wilhelm gab —
Der Kanzler geht auch langsam in den Hintergrund, während die
Schwestern, Sophie und Elise v. Manteuffel in den Vordergrund des
Saales kommen.)

Sophie v. Manteuffel.

Den Grund kann ich mir nicht so ganz erklären,
Weshalb mich Dönhof heute nicht beehret,
Auch nur mit einer Aufford'rung zum Tanz?

Elise v. Manteuffel.

Er will durch scheinbar angenomm'ne Kälte
Dein hartes Herz ein wenig weicher stimmen,
Ein Kunstgriff der bisweilen Wunder thut.

Sophie v. Manteuffel.

Mag sein, doch will's durchaus mir nicht behagen,
Daß er gerade heute hat begonnen
Den schlau entworf'nen Feldzugsplan;
Höchst unrecht ist und bleibt ein solch' Verfahren,
Könnt' mich zum Zorn, zur höchsten Wuth erregen,
Wär' ich vom Herzen ihm nicht gar zu gut. —

Elise v. Manteuffel.

Sei still! — Sieh' da, die Herzogin will nahen,
Um uns mit ein Paar Wörtchen zu beglücken,
Besonders Dich, stehst hoch ja in der Gunst.
(Die Herzogin Elisabeth tritt zu den Schwestern heran).

Herzogin Elisabeth (huldvoll).

Ich hab' Sophichen Dich noch nicht gesehen,
Ein Tänzchen mit dem Junker Dönhof wagen,

Der Dich gewöhnlich vorzugsweise wählt
(im verweisenden, scherzenden Tone)
Ja, ja, man darf sich nicht zu spröde zeigen,
Will man nicht kleine Nackenschläge fühlen,
Sind solche auch nicht gar zu bös' gemeint. —

Sophie v. Manteuffel.

Mir kommt's gelegen, weniger zu tanzen,
Denn mich plagt heute Kopfweh' und Migraine
Und da kann Ruhe nur das Beste thun. —

Herzogin Elisabeth (streichelt die Wangen ihres Hoffräuleins).
Ich nehme Antheil stets an Deinen Leiden,
Nur nicht, wenn ich als Schulkrankheit erachte,
Was Du mein Töchterchen Migraine nennst;
Ich such' das Uebel mehr im Herzensgrunde,
Das Du in Deinen Kopf willst hinversetzen;
Sei guter Dinge, es wird besser geh'n! —

Sophie v. Manteuffel.

Ach, Hoheit sind, trotz aller Herzensgüte,
Die Sie besitzen, grausam doch zu nennen,
Weil Schulkrankheit mir wird zur Last gelegt. —

Herzogin Elisabeth (zu den Schwestern).
Kommt Kinder, laßt uns wieder näher treten,
Der Jugend, die sich dort so fröhlich schwinget,
Im Reigen und an keine Sorgen denkt. —
(Alle drei gehen tiefer in den Saal, während die beiden Herzöge wieder
in den Vordergrund kommen)

Herzog Friedrich.

Hat den Befehl der Kanzler schon vollzogen?
Den Du ihm gar so eilig aufgetragen,
Als ich Euch's Weitere berathen ließ?

Herzog Wilhelm.

Der Rath v. Linstow ist schon auf dem Wege,
Um schleunigst sich in den Posseß zu setzen
Von Magnus Nolden's Feldern, Haus und Hof.

Herzog Friedrich.

Ich kann durchaus nicht Deine Ansicht theilen,
Besonders macht mir ernstliches Bedenken,
Daß es zu Thätlichkeiten kommen könnt'.

Herzog Wilhelm.

Ich hab's gesagt und kann's nur wiederholen,
Daß die Gewalt ist ganz in ihrem Rechte,
Wo Hochverrath so klar zu Tage liegt. —

Herzog Friedrich.

Gescheh'ne Dinge lassen sich nicht ändern,
Doch will ich's Dir schon jetzt bei Zeiten melden,
Daß ich nicht Alles auf mir nehmen kann,
Dich nur allein ein Vorwurf dürfte treffen,
Sollt' die zu große Eile schlimme Folgen,
Wie ich es fürchte, schließlich nach sich zieh'n.

Herzog Wilhelm.

Sollt' es so sein, will ich allein schon tragen
Die Bürde, die uns beide müßt' belasten,
Gar zu bedenklich Dich und ängstlich macht. —

Herzog Friedrich.

Ein Jeder fegt vor seiner eig'nen Thüre;
Du hast den Brei zu heiß hier eingerührt,
Drum schöpf' ihn auch mit Deinem Löffel aus. —

Herzog Wilhelm (trotzig).

Was ich gesät, will ich allein auch erndten
Und hoffentlich sind's nicht nur taube Aehren. —

Herzog Friedrich (etwas empfindlich).

Wünsch' herzlich Dir zur Erndte bestes Glück,
Doch sei's gesagt und unter uns geblieben,
Wie heimlich mir schon Winke zugegangen,
Daß Magnus Nolde Schritte schon gethan,
Gesuche schon nach Warschau hat entsendet,
Schutz suchend bei dem Könige von Polen,
Den einzig er als Lehnsherrn anerkennt. —
Doch scheint es mir, die Stunde hat geschlagen,
Wo's höchste Zeit ist, sich zurückzuziehen
Und's Ballfest als beendet anzuseh'n. —

Herzog Wilhelm.

Mir ist's schon recht, ich fand ja nie Vergnügen
An Tanz und Spiel und andern Tändeleien,
Halt Nacht's die Ruhe ganz an ihrem Ort. —
(Die Herzöge und die Herzogin ziehen sich in ihre Gemächer zurück
und allmälig entfernen sich auch die Gäste.)

(Der Vorhang fällt und beschließt somit den dritten Aufzug.)

Vierter Aufzug.

Erste Scene.
Eine Waldgegend in der Nähe des Schlosses Kalleten.

Erster Auftritt.

Magnus Nolde, Gotthard Nolde, Engelbrecht v. Mengden, wie auch viele Herren vom Adel sammt ihren bewaffneten Leuten sind anwesend und zwar in Berathung begriffen, wie es am zweckmäßigsten wäre, sich mit Gewalt in Possess des von Herzog Wilhelm eingezogenen Lehnsgutes Kalleten zu setzen. Es ist noch Nacht, aber einige weiße Strahlen im Osten deuten den bald beginnenden Morgen an.

Magnus Nolde.

Obgleich wir so fast Räubern ähnlich scheinen,
Sind wir Vertreter nur gerechter Sache,
Weit mehr im Recht, als manch' gerüstet Heer. —
      (Er zieht ein Papier aus der Tasche.)
Hier meine Freunde, könnt' Ihr's deutlich lesen,
Daß wir durchaus nicht ungesetzlich handeln,
Wenn wir gebrauchen Waffen und Gewalt;
Der Urtheilsspruch des Königes von Polen
Fiel günstig für mich aus, erkennt zu Rechte,
Daß ich sofort Besitz ergreifen soll
Von den mir unbefugt entzog'nen Landen;
Ich soll, thut's Noth, gewaltsam wieder nehmen,
Was Herzog Wilhelm mir entzogen hat.

Von Alters her ist es so Brauch gewesen,
In Polen und in den Vasallen=Ländern,
Gewaltsam einzureiten in ein Gut,
Das ohne Grund Besitzern ward genommen. —
Und solcher Fall liegt klar uns hier vor Augen,
Wir stützen uns auf königlich' Decret.

Engelbrecht Mengden.

Auf volles Recht darf sich die Ansicht fußen,
Die Magnus Nolde eben ausgesprochen,
Sich stützend auf des König's Urtheilsspruch.
(Er sieht das ihm gereichte Document an.)
Will Jemand sich noch näher überzeugen
Vom Inhalt und dem Sinn des Documentes,
Wie von des Königs eig'ner Unterschrift,
So möge der mit eig'nen Augen lesen,
Was kundgethan und Jedermann zu wissen
Hier schriftlich gab, des Königs Majestät. —
(Mehrere Herren drängen sich herum und sehen das Document an).

Mehrere Stimmen zugleich.

Ein volles Recht giebt hier des Königs Schreiben,
Wenn's Noth thut, sich der Waffen zu bedienen;
Der Einritt, wie man's nennt, ist ganz gerecht. —

Gotthard Nolde.

Empfangt, Ihr Herrn, im Namen meines Bruders
Den wärmsten Dank für die gewährte Hülfe;
Wo's Recht entweicht, entscheidet nur das Schwert! —

Verschiedene Stimmen.

Ja, mit dem Schwerte wollen wir's erzwingen,
Was Herzog Wilhelm möchte vorenthalten,
Ob zwar es Herzog Friedrich anders wünscht. —

Magnus Nolde.

Schlau und wohlweislich hat sich ferngehalten
Der Herzog Friedrich der fatalen Sache,
Ließ Wilhelm kochen ganz allein den Brei. —

Engelbrecht v. Mengden.

Der Herzog Friedrich scheint's auch stets zu halten
Weit mehr, als er es läßt dem Bruder merken,
Mit Kurland's Ritterschaft und deren Recht.

Magnus Nolde.

Das eben hat die allerschlimmsten Folgen
Für's Land und die Bewohner wachgerufen,
Konnt' schädlich nur in seinen Einfluß sein.

Gotthard Nolde (sich nach allen Seiten umschauend).

Noch läßt sich unser Bote nicht erblicken,
Der zeitig ward auf Kundschaft ausgesendet,
Doch siehe da, täuscht mich mein Auge nicht,
So glaube ich ihn dort am Waldessaume
Gleich einem Geiste schleichend zu gewahren.

(Alle wenden sich dahin.)

Verschiedene Stimmen.

Ja, ja, der abgesandte Bote ist's! —

Magnus Nolde.

Wir wollen hoffen, daß er Gutes meldet,
Daß es ihm durft' in der Verkleidung glücken,
Zu bringen bis zum alten Balthasar,
Der ihm, als der getreuste meiner Diener,
Das Nöthigste wird angegeben haben,
Wie man am sichersten zum Ziel' gelangt. —

(Der als Bauer verkleidete Bote naht.)

Magnus Nolde (zum Boten).

Sprich Bote rasch, was hast Du uns zu melden?
Ist's Dir geglückt, auch Balthasar zu sprechen?
Der hoffentlich noch lebt und munter ist. —

Bote.

So leicht ging's nicht, wie ich es anfangs glaubte,
In's alten Dieners Wohnung einzudringen,
Besonders unbemerkt war's nicht so leicht. —

Magnus Nolde (lebhaft).

In welchem Kerker muß der Alte schmachten?

Bote.

Die beste Wohnung ward nicht angewiesen
Dem alten Greise, wie er es verdient,
Doch ist er wohl und schien sich zu verjüngen
Als er erfuhr, daß Ihr hier in der Nähe
Jetzt weilt und zu dem Eintritt seid bereit.

Magnus Nolde.

Schon gut, doch wie steht's mit den Creaturen,
Die jetzt im Namen Herzog Wilhelms schalten,
Im Nold'schen Stammsitz, meinem Eigenthum?

Bote.

Rath Linstow kehrt, nach Balthasar's Berichte,
Wie's ihm so paßt, das Oberste nach unten,
Pflegt seinen Leib, spielt ganz den großen Herrn. —

Mehrere Stimmen.

Ja wahrlich, weit ist es mit uns gediehen
Und wenn wir uns stets recht geduldig fügen,
Wird's ganze Land bald Staats=Domaine sein.

Bote.

Es drängt die Zeit, wir müßten solche nützen,
Denn Linstow pflegt zugleich mit seinen Häschern
Der süßen Ruhe, wiegt sich noch im Morgenschlaf.

Gotthard Nolde (lebhaft.)

Der Bote hat ganz Recht, wir müssen eilen,
Woll'n Linstow's Morgenschlaf bestmöglichst nützen:
Gelingt's, wird mancher Tropfen Blut's erspart.

Mehrere Stimmen.

Im raschen Sturmschritt soll's jetzt vorwärts gehen,
Das Morgenfrühstück soll Kalleten bieten,
Der Wirth des Hauses Magnus Nolde sein!
(Alle ziehen rasch ab, der Vorhang fällt und schließt die erste Scene).

Zweite Scene.

Erster Auftritt.

Im Speisesaal zu Kalleten steht ein langer mit Speisen und Wein besetzter Tisch, an dem Magnus Nolde und Genossen sitzen und sich des Leibes pflegen. Balthasar in gewohnter Thätigkeit und Function.

Engelbrecht Mengden (sein Glas erhebend).

Auf's Wohl des neuen Herrn Lehnsbesitzers!

Magnus Nolde (sein Glas erhebend).

Ich trinke auf das Wohl der treuen Freunde,
Die mich so rasch in den Besitz gebracht,
Von dem mir frech geraubten Schloß sammt Gründen,
Die ich jetzt darf die meinen wieder nennen
Und die so leicht man mir nicht nehmen soll!

Chrystopher v. Firck#.

Um Herzog Wilhelms Uebermuth zu dämpfen,
War's nöthig, solch ein Beispiel aufzustellen,
Wie wir's zur Warnung heute statuirt. —

Othmar v. Gahlen.

Wie wird der grimme Tiger Rache schnauben,
Wenn sein getreuer Rath als Hiobsbote
Vor seiner Hoheit Klage führen wird. —

Engelbrecht Mengden (lächelnd).

Ich wäre gern ein ungeseh'ner Zeuge,
Um es mit eignen Augen anzuschauen,
Wie sich vor Wuth der Herzog krümmen wird. —

Othmar v. Gahlen.

Solch Ende hat er nicht vorausgesehen,
Lebt in dem Wahn, daß es nur Weiber wären,
Die uns're Eisenrüstung in sich schließt.
(Klopft auf sein Harnisch.)
(Das Mahl ist beendet, doch kreist desto rascher der Pokal.)

Gotthard Nolde.

Ich hoff' man wird mich nicht als ängstlich schelten,
Wenn ich gar dunkel mir die Zukunft male,
Und noch dazu, sie auf die Sterne bau',
Doch macht, nach altem Spruch, der Glaube selig;
Drum bleib' ich fest, nennt Ihr's auch Aberglauben,
Bin's überzeugt, daß Wahrheit ich vernommen,
Als Stopius mir einstmals Schlimmes nannt'.

Magnus Nolde.

Du warst ein Schwärmer stets und wirst es bleiben;
Der einz'ge Fall, wo wir verschieden denken,
Wo ich mit Dir nicht Gleiches fühlen kann.

Gotthard Nolde.

Es paßt gerade nicht zur frohen Stunde,
Die obendrein mit Rebensaft wir würzen,
Daß ich Euch nenn' ein traurig Horoscop,
Das Stopius im Sternenlauf gelesen,
Mir anvertraut, als ich ihn einst besuchte
In seinem Häuschen, in der Einsamkeit. —

Magnus Nolde.

Du sprachst mir einst von blutigrothen Flecken,
Von einem Meuchelmord an uns begangen
Zu dem ein hoher Herr Befehl ertheilt.

Gotthard Nolde.

Ja wörtlich ist's; der Ausspruch jenes Alten,
Macht mich nicht meines eig'nen Lebens wegen,
Doch's Bruders wegen ängstlich und besorgt.

Magnus Nolde.

Ich trag' ein Schwert und das wird uns beschützen,
Drum schlage Dir getrost aus Deinem Sinne
Gedanken, die der Astrolog' geweckt. —

Christopher v. Fircks.

Zur Seite werden Euch auch Freunde stehen
Und Gottes Schutz fehlt nie gerechter Sache;
Auch Astrologen können sich verseh'n. —

Othmar v. Gahlen.

Wer hat nicht einmal schon in diesem Leben
Den Inhalt eines Briefes mißverstanden?
Weil's Komma oder Punkt war falsch gesetzt;
Der Astrologe muß aus weiter Ferne
Die stummen Winke seiner Sterne lesen,
Kann drum sich um so leichter auch verseh'n. —

Magnus Nolde.

Ganz recht, Ihr Freunde sprecht in meinem Sinne,
Denn, weshalb sollen Sterne das verrathen
Was gar so gnädig Gott uns vorenthielt;
Es soll der Mensch stets an sein Ende denken,
Auf Erden sich als Fremdling nur betrachten,
Doch wissen nicht, wann seine Stunde schlägt. —

Gotthard Nolde.

Des Lesen's kundig wird kein Mensch geboren,
Ein Jeder mußt es mühsam erst erlernen
Und so ward auch noch nie ein Astrolog'
Als solcher gleich von Hause aus geschaffen,
Mußt jahrelang der Sterne Gang studiren,
Um da zu lesen, was die Zukunft bringt.

Othmar v. Gahlen (durch Rebensaft erhöht und in seinen Becher
blickend).

Den leeren Grund des Becher's anzuschauen
Und die geheimen Winke zu entdecken,
Daß man mit frischem Saft ihn füllen soll,
Lernt sich weit leichter als die Sternenkunde,
Versetzt sogar uns in den dritten Himmel,
Weil uns der Sprung zum ersten nicht genügt.

Christopher v. Firck s (in ähnlicher Stimmung).

Was alter Franzwein ist und was Tokaier,
Verstand als Knabe ich schon zu entscheiden
      (zeigt in die Höhe)
Doch wie dort Jupiter zur Venus steht,
Das macht mir wahrlich keine graue Haare. —

Magnus Nolde (zu diesen beiden Herren).

Zum heut'gen Tage passen Eure Worte,
Ihr spracht sie ganz und gar in meinem Sinn;
    (sich an Gahlen wendend)
Sollst nicht den Grund des leeren Bechers schauen,
Gleich soll ihn Balthasar auf's Neue füllen
Mit Stoff, den er so schlau vor Feinden barg. —
      (Er winkt dem Alten)
Gieb fleißig Obacht alte treue Seele,
Daß rasch sich füllen die geleerten Humpen
Und Niemand lang' des Becher's Grund beschau'. —

Hausmeister (die verschiedenen Becher füllend)

Wie bin ich froh, daß es mir ist gelungen,
Den Wein, den ich so gut gepflegt seit Jahren,
Den Forscherblicken Linstow's zu entzieh'n.

Magnus Nolde.

Ja alter Freund, des Herren Gut bewahren,
Verstand'st Du stets weit besser, als das Deine,
Doch sprich, wie hast Du Deine Zeit verlebt?
Wie haben Dich die ungebet'nen Gäste,
Die Straßenräuber fast man möchte nennen,
Behandelt und Dich alten Greis tractirt?

Hausmeister.

Gar schwere Tage mußte ich verleben,
Es fehlte nicht an Qual und bittern Sorgen,
Hab' auch so manches grobe Wort gehört. —

Magnus Nolde.

Gar schlimme Kunden sind des Herzog's Schergen,
Läßt sich auch wahrlich anders nicht erwarten,
Denn nur ein Lump beut solchem Werk' die Hand. —

Hausmeister (auf die Ahnenbilder deutend).

Hier diese würd'gen alten Ahnenbilder
Zu schmähen und gar gröblich zu beschimpfen,
War auch der rohen Bande wahre Lust.

Magnus Nolde.

Ach tröste Dich, ein Wort aus solchem Munde
Verletzt nicht Lebende, noch die Verklärten,
Der'n Hüllen ehrenhaft im Grabe ruh'n. —

Engelbrecht Mengden.

Was ist aus Ring und Becher gar geworden?
Die bei Dir standen gar so hoch in Ehren. —

Magnus Nolde (lebhaft zu Balthasar).

Sprich rasch, ward mir der theure Schatz geraubt? —

Hausmeister (die Achsel zuckend).

Ach, gnädiger Herr, wag's kaum Euch zu berichten;
Der Siegelring und Becher sind verschwunden,
Doch wie, das blieb mir völlig unbekannt. —

Magnus Nolbe (erschreckt).

Oh Gott! — Das Liebste, was ich hab' besessen,
Ward mir geraubt von feilen Bubenhänden;
Ich seh' den Fall als böse Deutung an! —

Gotthard Nolbe.

Du rügst bei mir so streng den Aberglauben
Und sprichst jetzt selbst von böser Vorbedeutung.

Magnus Nolbe (bedenklich).

Der sel'ge Vater gab mir einen Wink! —

Gotthard Nolbe.

Ja einen Wink wollt Dir der Vater geben,
Du mögest nicht so ganz bei Seite schieben
Die Vorsicht, wie Du es zu thuen pflegst. —

Hausmeister (zu Magnus Nolbe).

Oh gnäd'ger Herr, mögt auf die Worte achten,
Die mehr als wahr Herr Gotthard ausgesprochen;
Ein Zeichen gab der Vater durch den Ring
Und soll ich Euch nun Alles offenbaren,
Was wie ein Alp mein altes Herz belastet,
So sei's erlaubt zu nennen einen Traum,
Der mich in letzter Zeit so oft erschreckte,
Als schaurig Schreckbild mir vor Augen schwebte,
Gleich einem Alp den Herzschlag unterdrückt. —

Magnus Nolbe (lächelnd).

Nenn' alter Schwärmer mir getrost die Träume,
Besonders solche die sich wiederholten,
Vor Augen führten stets dasselbe Bild. —

Hausmeister.

Nehmt's nicht so gar zu leicht Herr mit den Träumen.

Magnus Nolde.

Ich halte nichts von solchen Traumgebilden;
Es sind nur Truggestalten, Nervenspiel,
Doch nenn' mir dennoch Alles, was Du träumtest.

Hausmeister (im erzählenden Tone).

Ich sah' den Ring sich in die Erde senken,
Den Becher in ein blutig' Meer versinken,
Und als ich beide Schätze retten wollt',
Trat mir ein Mann, der eine Krone trug, entgegen
Und reichte mir mit drohender Geberde
Ein Pergament, auf dem geschrieben stand:
Den Becher wird kein Sterblicher mehr füllen,
Den Ring soll erst nach hunderten von Jahren,
Ein Enkel tragen, der Besitzer ist,
Von Nolden's Stammsitz und gesammten Landen;
Zwei Brüder werden als ein Opfer fallen,
Für Rechte, die von altersher bestanden,
Auf blutgetränktem Acker ausgestreut,
Als Saat, dann wieder frische Keimkraft fanden. —

Magnus Nolde.

Ein wunderliches Bild führst Du vor Augen,
Doch, wie gesagt, ein Traum ist nichts als Schaum;
Den bösen Traum, den wollen wir vergessen,
Gleich leichtem Schaum aus dem Gedächtniß wischen;
Doch, was beim Ganzen hier das Schlimmste ist,
Ist der Verlust der mir so theuren Schätze,
Des alten Bechers und des Siegelrings,
Die nicht ein Traum, verruchte Hand geraubt! —

Gotthard Nolde (ruft Balthasar zu sich).

Sieh' alter Freund, geleert sind alle Humpen,
Gar durstig scheinen mir noch uns're Gäste
Und Bruder Magnus giebt den Wein ja gern.
(Der Hausmeister winkt einigen Dienern die Humpen zu füllen, einige
thun es andere holen frische Flaschen herbei).

Engelbrecht Mengden (zu Magnus Nolde).

Gern hört' ich Freund, bevor wir jetzt uns trennen,
Und Jeder sich nach seiner Heimath wendet,
Was wohl für's Erste Deine Pläne sind. —

Magnus Nolde.

Gleich in den ersten Tagen nächster Woche,
Nachdem ich hier das Wichtigste geordnet,
Zieh' ich nach Warschau mit dem Bruder ab,
Um erstens meinen Dank dort abzustatten
Dem Oberlehnsherrn, Könige von Polen,
Für den so rasch gefällten Urtheilsspruch,
Und außerdem für Kurland's Wohl zu wirken
Mit regem Eifer und mit besten Kräften,
Zu sorgen, daß nicht Alles untergeh'. —

Engelbrecht Mengden.

Hat Gotthard sich zur Reise auch entschlossen?

Magnus Nolde.

So gern er auch auf seinem Landsitz weilet,
Wird er mich dennoch auf der Fahrt begleiten,
Läßt mich allein ja nie auf Reisen geh'n.

Engelbrecht Mengden.

Das Schlimme ist und bleibt bei Deinen Plänen,
Daß Ihr uns hier im Rathe werdet fehlen,
Wenn Herzog Wilhelm neues Unheil schafft.

Magnus Nolde.

Ganz ohne Landtagsschluß kann er nichts machen
Und thut es Noth, den Adel zu berufen,
So werden wir rechtzeitig bei Euch sein. —

Engelbrecht Mengden (dem Magnus Nolde die Hand drückend).

So sei's, doch jetzt laß uns an Ruhe denken,
Scheinst mir auch abgetragen und recht müde;
Der regste Geist hängt doch vom Körper ab. —
(sich an die andern Gäste wendend).
Auf, auf, Ihr Freunde, woll'n die Sitzung heben,
Genug Tokaier=Wein ist ja geflossen,
Zeit ist's nach eig'nem Haus und Hof zu seh'n! —

Verschiedene Stimmen.

Wohlan! das letzte Glas auf's Wohl des Wirthes,
Der uns so guten Rebensaft gespendet,
Und dann ein Lebewohl, auf Wiederseh'n! —

Die Gäste erheben sich, einige von denen etwas unsicher auf ihren Füßen, aber sämmtlich in heiterer Stimmung. — Sie schicken sich zum Aufbruch an).

Der Vorhang fällt und beschließt die zweite Scene.

Dritte Scene.

Erster Auftritt.

Gesellschaftssaal der Herzogin Elisabeth in Mitau. — Anwesend sind die Herzöge, das Hoffräulein **Sophie v. Manteuffel,** der Kammerjunker **v. Pönhof** und außerdem noch verschiedene Herren und Damen vom kurländischen Adel, der Kanzler **v. Manteuffel** und später der Rath v. Linstow.

Herzogin Elisabeth (zu Fräulein Sophie).

So gern ich heut' zu Deinem Wiegenfeste
Nur einzig möcht' den Tag der Freude weihen,
Vertreiben jede Sorg' in weiter Fern',
Will's mir trotz aller Mühe nicht gelingen,
Gedanken jetzt aus meinem Sinn' zu schlagen,
Daß eine Hiobspost uns bald betrübt. —

Sophie v. Manteuffel.

Ach Hoheit, dürfen sich nicht immer quälen,
Wie's leider oft geschieht, mit dunk'len Bildern,
Auf die die Zukunft düst're Schatten wirft.

Herzogin Elisabeth.

Du hast ganz Recht mein Kind, will mich bemühen,
Die dunk'len Bilder möglichst zu verscheuchen,
Will einzig in Dein rosig Antlitz schau'n. —

Herzog Friedrich (zur Herzogin herantretend).

Mir däucht, es plagt Euch wieder die Migraine,
Verhindert Euch, des Tag's sich zu erfreuen
An dem dies Fräulein trat in diese Welt? —

Herzogin Elisabeth (wohlwollend).

So gerne ich's dem Fräulein möchte gönnen,
Nur einzig Lust und Freude zu gewahren

An ihrem Ehrentag' und Wiegenfest,
Kann ich mich der Befürchtung nicht erwehren,
Daß, eh' wir uns zur Ruhe heut' begeben,
Uns eine schlimme Botschaft überrascht. —

    Herzog Wilhelm (der sich genähert hat).

Ach Hirngespinnste, Frucht der Nervenleiden,
Die's weibliche Geschlecht so häufig plagen,
      (zu Fräulein Sophie)
Doch hoffentlich dies Fräulein noch verschont. —

    Sophie v. Manteuffel.

Es sprechen Hoheit ganz in meinem Sinne;
Ich suche stets mit meinen besten Kräften
Die Herzogin vom Uebel zu befrei'n. —

    Herzog Wilhelm (neckend).

Mir däucht, der Heilproceß würd' leichter glücken,
Den's Fräulein statt des Arztes übernommen,
Wär's eig'ne Herz selbst ganz capitelfest. —

    Sophie v. Manteuffel.

Schon wieder Hoheit treffen mich die Stiche
Der zwar erlauchten, aber scharfen Zunge,
Die vorzugsweise mich als Ziel erwählt. —
(Der Kanzler v. Manteuffel tritt zu den Herzögen und meldet den
    Rath v. Linstow.)

Zweiter Auftritt.

Die Vorigen, der Rath v. Linstow tritt ein.

    Kanzler v. Manteuffel (meldend).

Der Rath v. Linstow wünscht sich vorzustellen,
Den Hoheiten, hat Wichtiges zu melden. —

Herzog Wilhelm (höchsterregt).
Was, Linstow ist bereits zurückgekehrt?

Kanzler v. Manteuffel.
Ja, Hoheit, steht zu Diensten schon im Saale. —

Herzog Friedrich.
Kein Zeitverlust, er soll gleich näher treten.

Herzog Wilhelm.
Bin überzeugt, daß er nichts Gutes bringt. —
(Rath Linstow tritt vor die Herzöge und verbeugt sich tief.)

Herzog Friedrich.
Was habt Herr Rath Ihr Wichtiges zu melden?
Nichts Gutes, wie ich aus der Eile schließe. —

Rath v. Linstow.
Ein Hiobsbote muß ich leider sein;
Mit Füßen ward Gesetz und Recht getreten,
Gewalt und Uebermacht sollt' leider siegen,
Ward frech von Magnus Nolde ausgeübt! —

Herzog Wilhelm (im höchsten Zorn).
Was, dieser Schuft sitzt wieder in Kalleten?

Rath v. Linstow.
Ja, hat mit Waffen frevelhaft erstritten,
Was Eure Hoheit ihm jüngst nehmen ließ.

Herzog Wilhelm.
Der Starrkopf hofft sich auf's Decret zu stützen,
Das er erwirkt vom Könige von Polen,
Doch ich als null und nichtig anseh'n.

Herzog Friedrich.

Ich hielt's und halt' es noch für einen Fehler,
Daß Du Dich dem Decret nicht wolltest fügen,
Denn Oberlehnsherr ist die Majestät. —

Kanzler v. Manteuffel (zu Herzog Wilhelm).

Es werden Hoheit gnädigst mir verzeihen,
Wenn ich es wage, frei mich auszusprechen
Und möglichst meinen Einfluß geltend wünsch';
Nur, um den schlimmsten Folgen vorzubeugen
Und meine Pflicht nach Schuldigkeit zu üben,
Rath' ich von jedem Widerstande ab. —

Herzog Friedrich.

Ich muß des Kanzler's Meinung Beifall zollen,
Sein Wort ist ganz in meinem Sinn' gesprochen;
Groß halt' ich die Gefahr, die uns bedroht,
Wenn wir uns nicht geduldig wollen fügen
Dem Unvermeidlichen und gute Miene
Jetzt machen würden zu dem bösen Spiel. —

Herzog Wilhelm.

Ich habe leider nur die zweite Stimme
In unsern Landesangelegenheiten,
Werd', wie's beliebt, für's Erste schweigsam sein,
Doch ungerügt soll nie und nimmer bleiben,
Des Magnus Nolden Frechheit sonder Gleichen,
Ich schwöre das bei meiner Fürstenehr'!

Herzogin Elisabeth

Ich sah's voraus, es würde Schlimmes kommen,
Die böse Ahnung trifft fast immer ein;

Ich ziehe mich zurück in die Gemächer,
Wo ich nichts weiter von der Sache höre,
Die gar so traur'gen Ausgang nehmen kann.
(Zu Fräulein Sophie)
Komm liebes Kind, sollst meine Sorgen theilen,
Ich weiß es ja, Du thust es immer gerne. —
(Geht ab, gefolgt von Sophie Manteuffel. — Zu Herzog Friedrich halblaut)
Sei wohlbedacht und stets auf Deiner Hut. —

Herzog Friedrich (zu Linstow).

Für's Erste sind in Gnaden Sie entlassen,
Nehmt unsern Dank für Eure Müh' und Treue,
Mögt weiteren Befehl's gewärtig sein.
(v. Linstow verneigt sich und geht ab. — Die anderen Herren und Damen werden auch gnädigst entlassen, verlassen den Saal und es bleiben nur die Herzöge, Kanzler v Manteuffel und Kammerjunker v. Dönhof zurück.)

Herzog Wilhelm (den Herrn v. Dönhof bei Seite nehmend, halblaut).

Ich hoff', Sie werden mir zur Seite stehen,
Wenn ich mir's Recht gar müßte selber suchen,
Denn ungerügt darf solcher Fall nicht sein. —

Heinrich v. Dönhof (ebenfalls halblaut).

Ich stehe gern zu Eurer Hoheit Diensten,
Will opfern gern des Blutes letzten Tropfen,
Doch nur das meine, ja nicht fremdes Blut. —

Herzog Wilhelm.

Wenn's Noth thut, darf man feindlich Blut verspritzen,
Trug oft schon ein die allerbesten Früchte,
Könnt knüpfen hier sogar ein eh'lich Band. —

Heinrich v. Dönhof.

Ich kann den Sinn von Eurer Hoheit Worten
Jetzt vor der Hand durchaus noch nicht errathen.

Herzog Wilhelm (kurz abbrechend).

Jetzt gilt Verschwiegenheit, kommt Zeit, kommt Rath!
(sie treten wieder den Anderen näher).

Herzog Friedrich (zum Kanzler).

Zur Ruhe mahnt die mitternächt'ge Stunde,
Das Morgenlicht soll guten Rath uns bringen,
Drum zieht mit Gott, kommt morgen nicht zu spät,
Denn Vielerlei bleibt uns ja zu erwägen,
Doch vorzugsweis' sei nicht der Spruch vergessen,
Die Vorsicht ist der Weisheit liebstes Kind! —
(Der Kanzle geht ab).

Herzog Wilhelm.

Die Vorsicht war ja stets Dein größter Fehler;
Ich hab's im Leben stets damit gehalten,
Das Eisen zu verschmieden, wenn es glüht! —
(Herzog Wilhelm und v. Dönhof gehen ab und Herzog Friedrich zieht
sich in sein Schlafgemach zurück.)

(Der Vorhang fällt und beschließt die dritte Scene und den vierten Aufzug.)

Fünfter Aufzug.

Erste Scene.

Seit der Wiedererlangung Kalleten's und der Abreise der Brüder **Magnus** und Gotthard Nolde nach Warschau sind einige Jahre verstrichen. — Herzog Wilhelm setzt sein Verfahren gegen Recht und Gesetz fort, in Folge dessen ein Landtag einberufen werden soll, was jedoch Herzog Wilhelm zu hintertreiben sucht. Die Brüder Nolden kommen von Warschau nach Mitau, um an den Landtags-Angelegenheiten Theil zu nehmen und da tritt die traurige Catastrophe ein.

Erster Auftritt.

Arbeits-Cabinet des Herzogs Wilhelm im Schlosse zu Mitau. Der Herzog geht unruhig auf und ab, scheint sehr aufgeregt zu sein und Jemand mit Ungeduld zu erwarten.

Herzog Wilhelm (allein).

Sollt's wirklich Wahrheit sein, kaum will ich's glauben,
Daß heimlich hier in Mitau eingetroffen,
Die Brüder Nolden, wie's mir ward gesagt;
Der Umstand macht mir Sorgen und Bedenken,
Besonders jetzt, wo es sich darum handelt,
Daß ja der Landtag nicht zu Stande kommt. —
Ich werde es und muß es hintertreiben,
Es möge kosten, was es immer wolle,
Und jedes Mittel soll mir heilig sein! —
Ein guter Zweck, der heiligt jedes Mittel;
Hab' solchen Grundsatz öfter nennen hören,

Und zwar von Männern die höchst achtbar sind. —
Die Nolden müssen hier vom Platze weichen,
Sonst kann ich meine Zwecke nicht erreichen.
Ich bin entschlossen, koste es was es will!
(Er schellt.)

Zweiter Auftritt.
Der Vorige, Kammerjunker Heinrich v. Dönhof tritt ein.

Heinrich v. Dönhof.

Zu Diensten Hoheit, harre der Befehle.

Herzog Wilhelm (schmeichelnd).

Ich glaube fast, daß Sie durch's Feuer gingen,
Für mich, thäts Noth und läge mir daran? —

Heinrich v Dönhof.

Ja Hoheit, bin zu jedem Dienst erbötig,
Geh' gern für Sie durch Feuer und durch Flammen,
Doch nur durch's Feu'r auf dieser Erdenwelt;
Das Fegefeu'r, sollt's wirklich solches geben,
Wie es die Katholiken sich so denken,
Wär' unlieb mir und gar zu unbequem.

Herzog Wilhelm.

Doch um die Hand Sophiens zu erlangen,
Da würden Sie doch jedes Opfer bringen,
Wär' Ihnen selbst die Hölle nicht zu heiß?

Heinrich v. Dönhof.

Ich zählte es zur Seligkeit auf Erden,
Dürft' ich das Engelskind das meine nennen,
Doch opfern möcht' ich nicht mein Seelenheil.

Herzog Wilhelm.

Sie sehen nicht ganz klar in solchen Dingen,
Wenn Sie Ihr Seelenheil gefährdet finden
Durch feindlich Blut, das man im Kampf' vergießt. —

Heinrich v. Dönhof.

Den off'nen Kampf, den darf kein Ritter scheuen,
Doch heimtückisch die Feinde überlisten,
Das widersteht jedwedem Ehrenmann;
Den höchsten Preis, Sophie zu besitzen,
Würd' ich, so schwer mir's fällt, doch von mir weisen,
Duld' lieber hier als dort die harte Pein! —

Herzog Wilhelm (halblaut für sich).

Ich seh' es klar, mit dem ist nichts zu machen,
Wollt' selber ich ihn zum Woiwoden machen,
Von Pernau und gäb ihm Millionen mit!
                    (laut und empfindlich)
Ich seh' mein Herr, es schlägt in Ihrem Busen,
Den Panzerhemd und Eisenharrnisch zieren,
Ein weiches, gar zu zartes Weiberherz. —
Seh'n Sie sich um, dort in dem Eintritts-Zimmer,
Ob da nicht Linstow, meines Wink's gewärtig,
Erschienen ist und sich gemeldet wünscht.
                    (v. Dönhof geht ab).

Dritter Auftritt.

(Herzog **Wilhelm**, Rath v. **Linstow** tritt ein.)

Rath v. Linstow (sich ehrerbietig verneigend).

Eur' Hoheit haben mich zu sich befohlen;
Verzeihung, daß ich früher nicht gekommen,
Doch wollt' ich, eh' ich kam, im Klaren sein.

Herzog Wilhelm.

Nur rasch zur Sache, keine Zeit verloren,
Ist Magnus Nolde wirklich hier erschienen?
Ist Wahrheit, was mir nur als Fabel galt? —

Rath Linstow.

Ja Hoheit, leider ist das wahr geworden,
Was ich durchaus nicht gestern glauben wollte.

Herzog Wilhelm (überrascht).

Groß ist die Frechheit, größer die Gefahr!

Rath v. Linstow.

Gefahr ist da, doch läßt sie sich beseit'gen,
Nur darf die Zeit nicht ungenutzt verstreichen;
Die Fieberhitze dämpft ein Aderlaß! —

Herzog Wilhelm.

Ja, ja, wenn keine milden Mittel wirken,
Des Uebels Urquell von sich abzuwenden,
Muß man zu strengen Mitteln übergeh'n.

Rath v. Linstow.

Will's Eisen man mit einem Schlage recken,
Muß glühend roth man's auf den Amboß legen,
Denn kaltes Eisen dehnt sich gar zu schwer.

Herzog Wilhelm.

Sie sprechen Freund so ganz in meinem Sinne,
Wir müssen rasch das starre Eisen schmieden;
Ein schlimmes Mittel heiligt guter Zweck. —
Ein Beispiel will und muß ich statuiren,
Soll die erwünschte Ruhe endlich treten,
An Stelle ew'ger Gährung und des Zank's. —

Rath v. Linstow.

Das Wichtigste, was zu erwägen wäre,
Ist, ob es passend sei und wohl gerathen,
Den Herzog Friedrich mit hineinzuzieh'n
In das Geheimniß und ihm's letzte Mittel
Zu nennen, das zur Heilung unf'res Landes
Wie mir erscheint, ganz unvermeidlich ist. —

Herzog Wilhelm.

Um Gottes Willen, auch nicht eine Silbe
Darf Herzog Friedrich vor der Zeit erfahren;
Ich nehme Alles ganz allein auf mich;
Zu ängstlich ist er ja in allen Dingen,
Wo sich's um Blut und Blutvergießen handelt,
Und hält er's auch mit Magnus Nolde nicht,
Macht ihm der Nolden Einfluß dennoch bange,
Und unter uns gesprochen und geblieben;
Er hält es leider mit dem Adel mehr,
Als es im Lande hier die Meisten glauben,
Spielt eine unerlaubte Doppel=Rolle,
Tritt auf die Seite stets der Uebermacht. —

Rath v. Linstow.

Ich zögerte ganz frei das auszusprechen,
Was Eure Hoheit mir jetzt im Vertrauen
Genannt und längst schon meine Ansicht war.

Herzog Wilhelm.

Das Wichtigste bleibt uns noch zu berathen,
Wen wir mit Sicherheit benutzen dürften
Zum letzen Mittel, zu dem's kommen muß. —

Rath v. Linstow.

Ich glaube, daß Lexuin dürft' passend scheinen,
Wo sich's um Muth und einen Handstreich handelt,
Wie auch Castillio wär' empfehlenswerth;
Auch Martin Wagner wird die Hand gern bieten
Zu einem Werke, das ihm mehr an Renten,
Leicht bringt, als er an Capital besitzt. —

Herzog Wilhelm.

Ja, dankbar soll mich sicher Jeder finden,
Der sich mir treu bewährt und ganz ergeben
Und nicht, wie Junker Dönhof, Scrupel hat. —

Rath v. Linstow.

Wie konnten Hoheit auch die Hoffnung bauen
Auf diesen jungen Herrn, der nur beim Tanze
Sein Haupt mit Siegeslorbeer'n schmücken mag. —

Herzog Wilhelm.

Den größten Antheil hab' ich stets genommen,
An seinem Schicksal und an seinen Wünschen,
Doch bleibe jetzt der Feigling wo er will.

Rath v. Linstow.

Nicht rathsam wär's, ihn gänzlich zu verstoßen,
Da er zu tief schon in die Karten blickte.

Herzog Wilhelm.

Sie haben Recht, will möglichst gnädig sein.

Rath v. Linstow.

Fast hätte ich den Engelbrecht v. Mengden,
Den treu'sten Freund der Nolden ganz vergessen,
Möcht' wissen, wie's mit dem zu halten ist. —

Herzog Wilhelm.

Sollt' ihm durch Zufall menschliches begegnen,
Wird wenig nur die Welt an ihm verlieren,
Doch ganz gefahrlos ist's, wenn er entkommt.

Rath v. Linstow.

Dürft' Eure Hoheit ich ergebenst bitten,
Für's Erste mich jetzt gnädigst zu entlassen,
Denn Zeitverlust könnt' leicht gefährlich sein.

Herzog Wilhelm.

Ja, eilen Sie, ich hoff' die Lebensfrage,
Hab' ich gelegt in zuverläß'ge Hände. —

Rath v. Linstow.

Seid unbesorgt, bring' gute Botschaft mit.

Vierter Auftritt.

Herzog Wilhelm allein.

Herzog Wilhelm.

Die Rache ist zwar süß, doch hat zu Zeiten
Auch bittern Beigeschmack, man nennt's Gewissen,
Doch schreck' ich nicht zurück, fühl' mich im Recht;
Auch trug ich nie, wie Dönhof, Weiberkleider
Und's schlägt kein Weiberherz in meinem Busen,
War stets ein Mann, will's ferner auch noch sein! —
In Chroniken ist ja ein solch Verfahren,
Wie ich's beliebt, nur gar zu oft zu finden,
Ward nie gerügt, ward Nothwehr stets genannt;
Und daß mit Recht es Nothwehr ist zu nennen,

Was ich zu unser'm Schutz im Schilde führe,
Müßt' mir mein ärgster Feind selbst zugesteh'n! —
Nur Nothwehr ist es, Hochverrath bestrafen,
Und an Verräthern strenge Strafe üben,
Ist kein Verbrechen, halt's für Herrscherpflicht! —
(Er will in ein anderes Zimmer gehn. Der Vorhang fällt und beschließt die erste Scene).

Zweite Scene.

Ein einfaches Zimmer in einem den Brüdern Nolde gehörigen kleinem Hause am Marktplatze in Mitau.

Erster Auftritt.

Magnus Nolde, Gotthard Nolde und Engelbrecht Mengden bereiten sich zur Nachtruhe vor, nachdem sie Panzerhemd und Degen bei Seite gelegt haben, legen sich allmählich halbentkleidet auf die einfachen Ruhebetten nieder.

Engelbrecht v. Mengden.

Welch Glück, daß Ihr rechtzeitig eingetroffen,
Bevor der Herzog Wilhelm seine Pläne
Und seinen Eigenwillen durchgesetzt.

Magnus Nolde.

Gar sehr beeilen mußten wir die Reise,
Auch war manch' Hinderniß zu überwinden,
Das uns bald hier, bald da im Wege stand,
Doch nenne Freund mir ja vor allen Dingen,
Ob es nicht schon dem Störenfried' gelungen,
Zu hindern, daß der Adel sich verein'?

Engelbrecht v. Mengden.

Ich hoff' ein Landtag hierort's kommt zu Stande,
Trotzdem mit Händen und mit Füßen
Sich Herzog Wilhelm auch dagegen stremmt.

Gotthard Nolde.

Schlimm stünde es, sollt' ihm der Streich gelingen,
Ganz unberechenbar in seinen Folgen,
Kein Ende wär' des Unheil's abzuseh'n!

Engelbrecht v. Mengden.

Der letzte Würfel ist noch nicht gefallen,
Drum wünscht' ich sehnlichst Eure Gegenwart.

Magnus Nolde.

Die besten Kräfte will ich gerne bieten
Dem Lande, für das meine Pulse schlagen,
Dem selbst ich's Leben gern zum Opfer bring'. —

Engelbrecht v. Mengden.

Nicht gar so leicht dürft' sich Dein Wunsch erfüllen,
Wirst leider manche Widersacher finden,
Die sich leicht spannen lassen in das Joch,
Das Herzog Wilhelm gar zu gern dem Adel
Im Uebermuthe auf die Schultern fügte,
Trotzdem die Last schon jetzt ist übergroß. —

Magnus Nolde.

Ein Unglück ist's, daß viele unsrer Brüder
Zu sehr besorgt sind für ihr eig'nes Leben,
Auf's Spiel nicht setzen wollen Hab' und Gut. —

Engelbrecht v. Mengden.

Ihr Brüder Nolden seid ja stets gewesen
Hier unsr'es Ländchen's allerbeßte Stütze
Und hoffentlich wird Gott jetzt mit uns sein!

Gotthard Nolde.

Gott geb', daß Du ein wahres Wort gesprochen,
Denn ohne Beistand uns'res Weltenschöpfer's',
Krümmt sich der Mensch ohnmächtig wie ein Wurm.

Magnus Nolde.

Gott stets die Ehr', doch gab er Kopf und Hände
Dem Menschen auch, um Rechte zu vertreten,
Die jeder Creatur sind nach Gebühr
Durch die Naturgesetze zugestanden,
Als unantastbar wären zu betrachten,
In einem Wort', ganz unumstößlich sind. —

(Sie legen sich nieder.)

Gotthard Nolde.

Gern wüßt' ich, ob der Herzog schon vernommen,
Die Kunde, daß wir uns hier eingefunden,
Ob das Geheimniß ihm verrathen ward?

Engelbrecht v. Mengden.

Es litt die Welt nie Mangel an Spionen
Und Herzog Wilhelm hat genug der Schergen,
Da fürstlich er sie zu belohnen pflegt. —

Magnus Nolde.

Woll'n hoffen, daß ihm dieses Mal verspätet
Die feilen Knechte von uns Kunde bringen.

Engelbrecht v. Mengden.

Solch' Hunden fehlt's an feiner Nase nicht,
Sie wittern schon aus ziemlich weiter Ferne
Die Beute, pflegen sich're Spur zu jagen;

Ein Absprung täuscht sie ausnahmsweise nur;
Doch horch! — Hört' ich im Vorgemach nicht Tritte?
Wer sollt' so spät uns mit Besuch beehren? —

Magnus Nolde.

Ein Bote aus Kalleten könnt' es sein,
Wohin ich, eh' wir Warschau jüngst verließen,
Ein Schreiben abgesandt und anbefohlen,
Daß man hierher mir Schriften senden soll',
Wie auch die letztverfaßten Landtags=Acten
Die unentbehrlich sind, sammt den Notizen,
Die selber ich den Acten beigefügt. —

Engelbrecht v. Mengden (sich vom Lager erhebend).

Mir scheint, es ist nicht der erwähnte Bote,
Denn hörbar werden ja verschied'ne Schritte. —

Gotthard Nolde (lebhaft.)

Es wird geübt der schändlichste Verrath!

Magnus Nolde.

Ergreifen wir für jeden Fall die Degen.

Gotthard Nolde.

Die blieben leider in dem Nebenzimmer. —

Magnus Nolde.

Verdammt! — Der Teufel hat die Hand im Spiel'. —
(In demselben Augenblick ist das Zimmer angefüllt mit bewaffneten
Leuten die sich vermummt haben. Magnus und Gotthard Nolde
werden ergriffen, Mengden entflieht durch ein Fenster.)

Gotthard Nolde.

Das Bubenstück sieht Herzog Wilhelm ähnlich,
Kein And'rer wäre solcher Schandthat fähig,

Magnus Nolde.

Der Feigling ist schon längst zur Hölle reif! —
(Die Nolden wollen sich noch wehren, trotzdem sie keine Waffen haben, müssen aber der Uebermacht unterliegen und werden gewaltsam hinaus auf die Straße geschleppt und mit Hellebarden niedergestoßen und zwar auf die grausamste Art.)

Gotthard Nolde (zum Bruder).

Könnt' ich Dich Bruder nur vom Tode retten,
Wollt' gern für Dich mein Leben doppelt opfern!

Magnus Nolde (im hinausgehn).

Zugleich mit Dir verlaß ich gern die Welt! —

Rath v. Linstow
(verkleidet, drängt sich der Menge folgend zur Thür hinaus).

Der erste Act des Drama's wär' vollendet,
Der Schlußact soll nicht auf sich warten lassen,
(den Häschern zurufend)
Stoßt nieder rasch das freche Brüder=Paar!
(Der Vorhang fällt und beschließt die zweite Scene).

Dritte Scene.

Auf dem Marktplatze in Mitau liegen die entseelten Hüllen der beiden Brüder Nolde, ein Militair=Wachtposten steht bei den Leichen und hindert des Fortbringen derselben. Der Tag ist angebrochen, man sieht schon hin und hergehende Stadtbewohner, unter anderen kommt ein Ritter v. Heyking gegangen.

Erster Auftritt.

Die Genannten, Herr v. Heyking kommt.

v. Heyking (zum Wachposten).

Wer gab Befehl Dir Wache hier zu stehen?
Befürchtet man, daß die Entseelten fliehen? —

Wachposten.

Ich thue laut Befehl nur meine Pflicht. —

v. Heyking.

Darf man die Leichen nicht bei Seite schaffen?
Ganz unstatthaft ist es, daß sie hier liegen,
Des Volkes Schaulust preisgegeben sind. —

Wachposten.

Kein Mensch soll Hand an diese Opfer legen;
Als warnend Beispiel für die Bösgesinnten
Soll'n sie hier liegen, ausgestellt zur Schau,
Bis zu der Abfuhr kommen Düngerwagen,
Wie es des Herzog's Hoheit so befohlen. —

v. Heyking (entrüstet).

Das ist zu arg, steigt über jedes Maaß;
Es fehlt nur noch, daß auch die Raben kommen,
Um sich an eblem Ritterblut zu laben,
Doch das soll wenigstens noch nicht gescheh'n! —
(Er nimmt seinen Reitermantel von seinen Schultern und trotz der
Abwehr des Wachpostens wirft er ihn über die entstellten Leichname,
entzieht sie so den Blicken der Vorübergehenden.)
So, mehr kann ich nicht für die Brüder thuen
Für's Erste, die für's Land als Opfer fielen,
Doch bleibt die Strafe hoffentlich nicht aus! —
(Es sammelt sich immer mehr Volk auf dem Platze der Schandthat
bis auch verschiedene Herren vom Adel dazukommen.

Ein Ritter (ausrufend).

Will man den Adel schon als Vieh behandeln?
Ihn schlachten, wie man Schaaf' und Kühe schlachtet?
Das darf nicht sein, — hat Alles seine Zeit! —

Zweiter Ritter.

Ein Ende muß und soll der Unfug nehmen;
Hinaus zum Tempel jagt den frechen Mörder,
Der sich mit solcher feigen That befleckt!
(Es sammeln sich immer mehr Edelleute.)

Mehrere Stimmen.

Man hole rasch des Abel's Leichenwagen,
Laßt den mit Blumenkränzen zierlich schmücken,
Geleiten wir die Brüder dann zur Gruft! —

Ein Ritter.

Schon früher hätten wir uns sollen rühren,
Um uns're Rechtsvertreter zu beschützen,
Bevor sie fanden ihren Opfertod. —

v. Heyking.

Gescheh'ne Dinge lassen sich nicht ändern,
Doch für die Zukunft kann und muß man sorgen.

Mehrere Stimmen.

Gesühnt muß werden das vergoss'ne Blut!

Zweiter Ritter.

Ja, Schande wär's, wenn ferner sitzen dürfte
Zu Thron ein Fürst, der feig durch Meuchelmörder,
Nach Rache dürstend, solche That beging. —

Mehrere Stimmen.

Ein Fürst nur soll fortan im Lande herrschen,
Wir wollen treu zu Herzog Friedrich halten,
Doch Wilhelm treffe Gottes Strafgericht! —

Erster Ritter.

Des Herzog Friedrich's Name sei in Ehren!
Der hätt' zu solcher That nie Hand geboten;
Die Blutschuld trifft nur Wilhelm ganz allein. —

v. Heyking.

Verdiente Strafe muß die Mörder treffen,
Der Bruder wird des Bruders Urtheil fällen,
Wenn's ihm auch noch so schwer zu Herzen geht! —

Zweiter Ritter.

Nur wenig süße Stunden haben Herrscher,
Denn Kronen bergen viel der Sorg' und Plagen,
Die unbemerkt im Grund des Herzens ruh'n. —

Erster Ritter.

Ein edles Herz, man muß es eingestehen,
Hat stets in Herzog Friedrich's Brust geschlagen,
Wollt' gern ein guter Landesvater sein. —

Zweiter Ritter (einfallend).

Nur konnt er nicht, that's Noth, die Spitze bieten,
Dem Uebermuth und Eigensinn des Bruders,
Und dadurch ward zum Uebel Grund gelegt. —

Mehrere Stimmen.

Ja, Friedrich soll fortan allein beherrschen,
Die Herzogthümer Kurland und Semgallen,
'S wird besser geh'n, sitzt er allein zu Thron! —

v. Heyking.

Doch seht da kommt geschmückt der Leichenwagen,
Es folgt, vertreten durch verschied'ne Stände,
Ein Zug Leidtragender dem Wagen nach. —

Verschiedene Stimmen.

Ja, so ist's recht, das Volk will es bekunden,
Daß es nicht duldet, Roheit auszuüben,
Wie's Herzog Wilhelm racheschnaubend thut! —

v. Heyking (feierlich).

Für die gefall'nen Brüder laßt uns beten,
Erflehen für die Hüllen Grabesruhe,
Für ihre Seelen ew'ge Seligkeit. —

Erster Ritter.

Stets wollen wir und unsre fernsten Enkel,
Die Opferfreudigkeit der Nolden ehren,
Sets eingedenk der braven Brüder sein! —

(Der Leichenwagen nähert sich allmählich, umgeben von einer Menge Menschen aus allen Ständen und verschiedenen Geschlechts.)

(Der Vorhang fällt und beschließt die dritte Scene.)

Vierte Scene.

Audienz-Saal des Herzogs Friedrich im Schlosse zu Mitau. — Der Herzog Friedrich sitzt auf seinem Throne, die Herzogin Elisabeth neben ihm. In der Umgebung des Herzogs steh'n verschiedene vom Adel, Räthe, Hofkavaliere und Hofdamen, unter letzteren der Kammerjunker v. Pönhof, Fräulein Sophie v. Manteuffel. — Der Kanzler v. Manteuffel steht neben dem Herzoge an einem Tische, auf dem Papiere und Documente liegen.

Herzog Friedrich (zum Kanzler).

Es hat sich Audienz bei mir erbeten,
Beauftragt von den Landes-Deputirten
Ein Ausschuß, als Vertreter jener Herrn;
Wie ich's vermuthe, wird wohl an der Spitze
Der Adelsmarschall selber sich befinden,
Als Führer der erwähnten Commission. —

Ich bitte Sie, Herr Kanzler, anzuordnen,
Daß alsogleich, wenn es der Herold meldet,
Die Commission hier trete vor den Thron.

Kanzler v. Manteuffel.

Es soll gescheh'n, wie Hoheit es befehlen,
Doch bitte ich, mir gnädigst mitzutheilen,
Ob ich sogleich soll das Rescript verlesen,
Und zwar, bevor Eu'r Hoheit Ansprach' hielt?

Herzog Friedrich.

Ich werde an des Landes Abgesandte,
Als Landesherr erst eine Ansprach' richten,
Worauf Ihr dann verleset das Rescript. —
Wie ich's zu meiner Freude hab' vernommen,
Ist Gottlob wieder Ruhe eingetreten,
In unf'rer Stadt und hoffentlich im Land'. —

Kanzler v. Manteuffel.

Aus sich'rer Quelle durfte ich es schöpfen,
Daß Ruh' und Ordnung völlig eingetreten,
Seit Herzog Wilhelm schriftlich abgedankt,
Seitdem 's bekannt ward, daß in Ihren Händen
Das Scepter ruht und Kurland's Herzogskrone
Ganz ungetheilt auf Ihrem Haupte strahlt. —

Herzog Friedrich.

Erfreuen kann nur solche frohe Kunde,
Die ich verbürgt aus meines Kanzlers Munde
Vernehm', und wahrer Lebensbalsam ist. —

(Der Herold tritt ein und meldet die Landtags=Deputirten.)

Herold (laut).

Es harren draußen Kurlands Landesboten
Und wünschen vor des Herzogs Thron zu treten. —

Kanzler v. Manteuffel (zum Herold).

Sagt, daß der Herzog sie empfangen will. —

(Herold geht ab.)

Zweiter Auftritt.

Die Vorigen, der Landbotenmarschall und die Deputirten treten ein.

Landbotenmarschall

(verbeugt sich und tritt auf den Wink des Herzogs vor den Thron).

Eu'r Hoheit haben gnädigst uns gestattet,
Als Landtags=Abgesandte und Vertreter,
Des Landes selbst, zu nahen Eurem Thron',
Vor dem wir uns in tiefster Ehrfurcht beugen
Und auf dem jetzt die größte Hoffnung bauet
Der Landesadel und die Bürgerschaft! —

Herzog Friedrich.

Empfanget meinen Gruß, seid mir willkommen,
Nehmt meinen Dank aus tiefstem Herzensgrunde,
Wo's treuste Herz für's Wohl des Landes schlägt,
Doch bitte ich Euch Freunde, auch zu theilen
Mit mir den Schmerz, den Kummer und die Sorgen,
Die leider mir die jüngste Zeit gebracht;
Bis auf den Grund den Leidenskelch zu leeren,
Ward mir vom Weltenschöpfer ja beschieden,
Doch preise ich auch seine Gnade groß,

Daß gnädig er den schwersten Stein vom Herzen
Gewälzt und mir den harten Schritt ersparte,
Des eig'nen Bruders Richter gar zu sein.
Die Pflichten, die auf Herrscherschultern lasten,
Sind wahrlich schwer, bisweilen kaum zu tragen,
Wäg' sie nicht auf der Unterthanen Dank. —
Ein Labsal waren mir die treuen Worte,
Die ich von Euch soeben hab' vernommen;
Ein Balsam auf das kranke Herz gelegt. —
Was für die nächste Zukunft anzuordnen,
Ich, als Eu'r Landesherr, für gut befunden,
Ward als Rescript in's Kanzlers Hand gelegt.
Was ich verfügt, soll wörtlich er verlesen;
Ich hoffe zuversichtlich, voll Vertrauen,
Daß heilig Euch des Herrschers Wünsche sind! —
        (Dem Kanzler einen Wink zum verlesen gebend).
Ich bitte Sie, den Herren Landesboten
Ganz wörtlich und vernehmlich zu verlesen,
Was ich erließ als neu'sten Tag'sbefehl. —

Kanzler v. Manteuffel (ein Pergament vom Tische nehmend).

Befehle meines Landesherrn erfüllen,
That ich stets gern, doch nie so gern wie heute,
Steh' auf dem höchsten Gipfel meines Glück's! —
                    (lesend.)

Geehrte Herrn und meines Land's Vertreter!
Nehmt unsern Gruß, seid unf'rer Huld gewärtig!
Vernehmt, was zu befehlen wir geruht; —
Nachdem der Bruder, Herzog Wilhelm, Liebden
Freiwillig, durch Entsagung von der Krone,
Die Herrschaft ganz in uns're Hand gelegt,
Hat er zugleich uns schwerster Pflicht enthoben,
Wollt' uns den allerschwersten Schritt ersparen,

Verließ für alle Zeit sein Vaterland. —
Wir sind Gottlob des Zwanges baar und ledig,
Dem Urtheilsspruche, wie's das Land verlangte,
Gar beizufügen uns're Unterschrift;
Wir sehen's an als Gottes höchste Gnade,
Daß uns'rer Hand ward solcher Act erlassen
Und unserm Herzen solcher Stich erspart. —
Verkündet sei Euch, treuste Unterthanen,
Daß Kurland's Thron nicht mehr die Doppelkrone,
Fortan nur eine Herzogskrone ziert,
Daß wir fortan allein die Herrscherpflichten,
Sammt Scepter und der Krone übernommen
Und somit uns'res Volkes Wunsch erfüllt. —
Verbleiben soll's, für alle spätern Zeiten,
Beim alten Recht und streng bei den Gesetzen,
Wie Herzog Gotthard solche hat verbrieft.
Urkundlich und für männiglich zu wissen,
Ward von uns selbst hier dies Rescript erlassen,
Verseh'n mit Siegel und mit Unterschrift. —
(Fridricus Dux.)

Landbotenmarschall.

Im Namen der gesammten Landesboten,
Wie auch als Abgesandter uns'res Landes,
Erklär' ich's Herzogs väterlich Rescript
Für huldvoll und entsprechend ganz den Wünschen,
Dem Landeswohl und dem der Unterthanen;
Sei freudig anerkannt als Gnaden=Act! —
(sich an sein Gefolge wendend.)
Ein donnernd Hoch laßt uns dem Herzog bringen,
Der jetzt allein die Zügel hält in Händen,
Und Alles nur zum Guten lenken wird. —

Die Landboten (laut rufend).

Ein dreifach Hoch dem theuren Landesvater,
Gott möge ihn uns lange Zeit erhalten,
Zum Wohl des Landes und des Volkes Heil!! —

Herzog Friedrich (sich erhebend).

Nehmt meinen Dank, er kommt aus einem Herzen,
Das stets nur für das Landeswohl geschlagen,
Trotzdem es oft von Sorgen ward bedrückt;
Verschied'ne Köpfe gleichzeitig bedecken
Mit einem Hut, das übersteigt die Kräfte
Des größten Herrschers, den schuf je die Welt! —
In Gnaden seid geehrte Herrn entlassen,
Verkündet wörtlich, was Ihr hier vernommen,
Bringt unsern Unterthanen unsern Gruß! —

Die Landboten (rufend).

Noch einmal hoch dem edlen Landesherrn,
Laut sollen es die Glocken gleich verkünden,
Welch' einen Freudentag uns Gott bescheert. —
(Die Landesboten verneigen sich und gehen ab).

Dritter Auftritt.

Die Vorigen, ausgenommen die Landtags=Deputirten. Der Herzog und die Herzogin erheben sich von ihren Sitzen und unterhalten sich, die Runde machend, bald mit diesem, bald mit jenem der Anwesenden, huldvolle Worte an sie richtend.

Herzog Friedrich (zum Kanzler).

Den heut'gen Tag will ich als schönsten zählen,
Von allen denen, die mir Gott beschieden,
Soll auch als Festtag im Kalender steh'n. —

Herzogin Elisabeth (zum Kanzler).

Ein Doppelfest, das könnte noch erhöhen
Des Herzogs Freude und mein Glück noch würzen;
Wollt' Ihr zwei Herzen gönnen Seligkeit?

Kanzler v. Manteuffel.

Gern würde ich nach meinen besten Kräften
Mein Scherflein zu dem Doppelfeste spenden,
Doch liegt gar wenig nur in meiner Macht!

Herzogin Elisabeth.

Mit nichten fehlt's an Macht, nur an dem Willen
Des Herren Kanzlers, um uns rasch zu schaffen
Das von uns heiß ersehnte Doppelfest. —

Kanzler v. Manteuffel.

Ganz räthselhaft ist Hoheit Dero Sprache,
Begreife nicht, wie ich zur Macht sollt' kommen?

Herzogin Elisabeth (rasch einfallend).

Das Ganze hängt nur ab von einem Ja!

Herzog Friedrich.

Die schlimmen Horoscopen, die gelesen
Der alte Stopius in seinen Sternen,
Die haben leider wörtlich sich bewährt,
Drum machen Sie, zum Ruhm des Astrologen
Und zu dem Glücke zweier Menschenkinder,
Sein freudig Horoscop auch wörtlich wahr. —
Der Herzog winkt den Kammerjunker v. Dönhof und Fräulein Sophie
    v. Manteuffel zu sich heran und ergreift deren Hände.
Hier diese sind's, für die ich's Vaters Segen
Von Ihnen gar zu gern erbitten möchte,
Wie für uns selbst ein schönes Doppelfest!

Kanzler v. Manteuffel (höchst überrascht).

Ich stehe Hoheit stets und gern zu Diensten,
Doch wovon sollte wohl das Pärchen leben? —
Ein Hausstand, der erheischt der Mittel mehr
Als ich und Herr von Dönhof können bieten. —

Herzog Friedrich (eine Papierrolle hinhaltend).

Hier lesen Sie; Ernennung zum Woiwoden
Von Pernau wurde heute in der Früh'
Dem Kammerjunker Dönhof übersendet,
Und uns, wie sich's geziemt auch unterbreitet;
Auch wie Sie seh'n, die Zustimmung ertheilt. —
Dem Fräulein giebt ein reichlich Leibgedinge
Die Herzogin aus der Privat=Chatulle,
Für Herrn v. Dönhof stellen wir's Legat. —

Kanzler v. Manteuffel.

Ich seh' es ein, zu weit ist's schon gediehen,
Um einen Rückschritt füglich noch zu machen,
Drum füg' ich mich den Wünschen meines Herrn.

(Er legt die Hände der jungen Leute zusammen.)

Und geb' Euch Kindern meinen Vatersegen,
Will dankbar Gottes Gnade anerkennen,
Der Alles so zum Besten hat gelenkt.

Herzog Friedrich.

Die Wahl Sophiens kann man glücklich nennen
Und Ihr Herr Kanzler, habt Euch nicht zu schämen
Des Schwiegersohns, den Gott Euch zugeführt;
Ich habe Herrn von Dönhof stets geachtet,
Doch höher ist er noch in Gunst gestiegen
Bei uns, seit wir aus Herzog Wilhelm's Munde
Ein Zwiegespräch aus jüngster Zeit gehört,

Das ein Geheimniß bis zur Abschiedsstunde
Geblieben war, hoch Herrn von Dönhof ehret,
Für Gottesfurcht und Rittrehre zeugt! —

    Alle Herren und Damen (laut).

Es spende Gott im reichsten Maaß den Segen
Dem Herrscher=Paar von Kurland und Semgallen,
Dem wir verdanken solches Doppelfest!! —

  (Der Vorhang fällt und beschließt den fünften Aufzug

Druck von J. Dräger's Buchdruckerei (C. Feicht) in Berlin.